Birgit Schweitzer

Blaue Glücksorte im Taunus

Fahr raus & tauch ein

Dieses
Glücksbuch
ist für

Liebe Glücksuchende,

herzlich willkommen im wunderschönen Taunus, einer Region voller magischer Orte und versteckter Schätze. Wenn Sie auf der Suche nach innerer Ruhe, Entspannung und einem Hauch von Abenteuer sind, dann sind Sie hier genau richtig. Denn in diesem Buch möchte ich Sie mitnehmen auf eine Reise zu den blauen Glücksorten im Taunus – im und am Wasser.
Wasser hat eine ganz besondere Wirkung auf uns Menschen. Es beruhigt unsere Seele, erfrischt unseren Geist und lässt uns den Alltag für einen Moment vergessen. Ob glitzernde Seen, sprudelnde Quellen oder malerische Flüsse und Bäche sowie erquickende Bäder – der Taunus hält eine Vielzahl an Wasserparadiesen bereit, die nur darauf warten, von Ihnen entdeckt zu werden.

Tauchen Sie ein!

Ihre Birgit Schweitzer

Deine Glücksorte ...

… noch mehr Glück für dich

Verweile, schöner Moment

1 Am Waldsee in Bad Schwalbach

Am Ende des Bad Schwalbacher Kurparks befindet sich der wunderschön gelegene, von Bäumen umrahmte Waldsee. Das tolle Ausflugsziel bietet viel Seelennahrung. Geschmückt wird der See vom Jugendstil-Herzog-Adolf-Tempel, in dem man überdacht sitzen kann, und die Umgebung eignet sich hervorragend für einen Spaziergang in der Natur. Zum Verweilen lädt die längste Bank Hessens ein, die 35 Meter misst und aus einem einzigen Baumstamm gefertigt wurde. Hier möchte man gerne den Moment festhalten und den Blick auf den See wie auch die gute Luft genießen. Manchmal zeigen sich im Wasser Wasserschildkröten und himmlische Stille herrscht hier in der Abenddämmerung. Am Waldsee vorbei führen traumhafte Wanderwege mit nur geringen Anstiegen. Viele Attraktionen locken in der Nähe: ein Minigolfplatz, ein Abenteuer-Waldspielplatz, der Kneipp-Barfußpfad und die begehbaren Moorgruben. Auf dem Barfußpfad erhält man beim Laufen über Kork, Schotter, Kies, Sand und eine Tautretwiese eine Fußreflexzonenmassage. Anschließend gibt es die Gelegenheit zum erfrischenden Wassertreten im Bach.

TIPP
Eine Fahrt mit der nostalgischen Moorbahn (Bad Schwalbacher Kurbahn) zum Moorbadehaus.

Bad Schwalbach hat sich schon im 19. Jahrhundert einen Namen als Moorheilbad gemacht. Bis heute werden Moorbäder verabreicht, in denen man sich die natürliche Heilwirkung des Moores zunutze macht. Seit dem Jahr 2010 ist Bad Schwalbach ein prädikatisiertes Moor- und Mineralheilbad. Sein Alleinstellungsmerkmal ist die Anreicherung der Moorbäder mit Mineralheilwasser. Eine außergewöhnliche Anlage ist das begehbare Moor, das im Zuge der Landesgartenschau in Bad Schwalbach entstanden ist. Zwei Moorgruben wurden mit Stegen begehbar gemacht. Auf Douglasienholzstegen wandelt man naturverbunden durch das Schilf über das Moor. Am Ende des Steges steht eine gewellte Ruhebank, die einlädt, sich Zeit für sich zu nehmen. Durch das leise Rauschen des Schilfs nehmen die Gedanken automatisch ihren freien Lauf, kommen und gehen wie der Wind, der durch das Schilf streift. Hier möchte man am liebsten bleiben.

- Waldsee, 65307 Bad Schwalbach
- ÖPNV: Haltestelle Bad Schwalbach Schäfersberg, ca. 800 Meter Fußweg

Wie im Urlaub

2 Am und im Baggersee Diez

Eine so schöne Badestelle fernab des Meeres gibt es sonst kaum im Taunus. Die steilen Felswände und das glasklare türkise Wasser erinnern an Mittelmeerküsten. Man kann sich herrlich wegträumen, wenn man auf die von der Sonne beschienenen rot-gelb-grauen Felsen schaut. Dieser ungeheure Kraftspot ist in der Nähe von Diez zu finden.
Die Wasserstelle direkt neben der Lahn rührt von einem ehemaligen Steinbruch her. Das Ufer fällt steil ab ins kühle Wasser, in das man über eine Treppe oder eine Leiter gelangt. Der See ist daher nur für geübte Schwimmer geeignet. Ein 5-Meter-Sprungturm lässt die Impression eines Klippensprunges zu. Zum Entspannen und Sonnenbaden lädt eine große Liegewiese um den See ein. An heißen Tagen ist sie schnell gut gefüllt. Auf einem abgetrennten Badestrand auf der gegenüberliegenden Seite darf Freikörperkultur betrieben werden.
Der See punktet auch mit einer Unterwasserlandschaft. Bis zu 15 Meter geht es in die Tiefe. Während oben alle schwitzen, finden Taucher eine Abkühlung unter Wasser – wenn die Sicht nicht zu schlecht ist. Neben einem Tisch und Stühlen sowie einer Röhre, die durchtaucht werden kann, ist die Hauptattraktion der Unterwasserexpedition ein VW-Käfer, der in den Tiefen des Sees parkt. Auch Fische leben im See und selbst die Felsspalten bergen Leben, zum Beispiel Krebse.

TIPP

Einen Abstecher in die Limburger Altstadt: durch die Gassen schlendern und den Dom besichtigen.

Bei Cocktails, eisgekühlten Drinks und Loungemusik kommt in der Beachbar erst recht Urlaubsfeeling auf. „… Meer braucht man nicht!“ ist ihr Werbeslogan. Es ist zudem eine stilvolle Location für Feiern. Der Außenbereich des Sees wird nachts stimmungsvoll illuminiert. Das Wasser leuchtet, orange schimmern die Felsformationen und mit Fackeln am Ufer wird es zu einem Fest, von dem die Gäste noch lange sprechen werden. Geöffnet sind See und Beach Club wetterabhängig von etwa Mai bis Oktober. Parkplätze sind reichlich vorhanden.

- Baggersee mit Beach Club, In der Au 40, 65582 Diez, Tel. (0 64 32) 9 88 43 84
www.baggersee-diez.de
- ÖPNV: Bahnhof Diez, ca. 2 Kilometer Fußweg

Spritziges Wasservergnügen

3

Wasserski auf dem Südsee in Heuchelheim

Der Südsee in Heuchelheim ist ein Eldorado für Wasserratten. Ruhig liegt er da, bis eine Wakeboarderin oder ein Wasserskifahrer, begleitet von einer Fontäne, über das Wasser schießt. Wasser, Sonne und ein Funsport, dazu ein schönes Areal mit Liegewiese und Strandbar – das ist Urlaubsfeeling pur. Hier kann man am Wasserlift dem faszinierenden Vergnügen des Wasserskisports frönen. Auch Anfänger können ihre ersten Runden drehen. Voraussetzung ist nur, dass sie gut schwimmen können. Skier, Wakeboards, Helme und Neoprenanzüge können ausgeliehen werden. Zu Beginn gibt es eine Bahneinweisung und eine Technikschulung am „Cable". Ab in die Hocke, Arme ausstrecken, Fußspitzen nach oben und los geht's. Die Anlage nimmt jeden mit und fährt Runde um Runde. Oft gehen die ersten Starts schief. Die Sportart fordert Körperspannung, fast alle Muskeln werden beansprucht. Außerdem trainiert Wasserski Ausdauer, Koordination, Balance und das Reaktionsvermögen. Wer die Beine durchstreckt, kommt nicht hoch und landet unweigerlich im Wasser. Dann heißt es mit den Skiern zurück ans Ufer schwimmen. Eine kleine Abkühlung bei schönem Wetter ist aber auch ganz nett. Nass wird man ja sowieso. Niemals aufgeben ist die Devise, sonst verpasst man das Glücksgefühl, wenn man eine ganze Runde geschafft hat!

TIPP

Der SUP-Einsteigerkurs bei Ex-Hessenmeister Dr. Uwe Vorpahl ist sehr zu empfehlen!

Geübte Fahrer haben ihren Spaß an den Rampen und Hindernissen, den sogenannten Obstacles mit coolen Namen wie Kicker, Funbox, Butterbox, Slider, Up-Rail und Pipe. Es ist auch ein Erlebnis, chillig im Biergarten zu sitzen und bei einem kühlen Getränk unterm Sonnenschirm den Tricks, Sprüngen, Drehungen und Salti der Profis zuzusehen. Für Events bietet die Wasserskianlage eine außergewöhnliche Location, die jede Feier zu etwas Besonderem macht. Zur Verfügung steht ein Grillplatz mit Beachbar, für größere Feste die Lakelounge mit Biergarten. Die Wassersportarena kann, muss aber nicht, mitgebucht werden. Es besteht außerdem die Möglichkeit, SUP-Boards auszuleihen. Die Anlage ist vom Parkplatz aus in 5 Minuten zu Fuß zu erreichen.

● Wasserski- und Wakeboard-Zentrum Southlake, Lahnparkstraße, 35452 Heuchelheim an der Lahn, Tel. (06 41) 6 86 88 88
www.wasserski-heuchelheim.de

Das Geheimnis im Wasser

4 Wisperforellen vom Forellenhof Seitz in Lorch

Zu Füßen der Lauksburgruine im idyllischen Wispertal zwischen Bad Schwalbach und Lorch leben glückliche Fische. In den Forellenhöfen der Familie Seitz wird in Naturteichen die berühmte Wisperforelle gezüchtet, eine exklusive regionale Spezialität, die im Umkreis an die Gastronomie – unter anderem an die Straußwirtschaften am Rhein – geliefert wird. Als Forelle Müllerin Art oder Forelle blau schmeckt sie am besten mit einem Gläschen Wein aus dem Rheingau. Ihren außergewöhnlichen Geschmack erhält die Wisperforelle von dem Wasser, in dem sie ihrer Natur nach gegen den Strom schwimmt: Die Teiche werden von der Wisper durchflossen. Der Mittelgebirgsbach wird auf seinem Weg durch den felsigen und waldreichen Taunus von mineralhaltigen Quellen gespeist. Das Durchfließen des Taunusschiefers lädt das Wasser dazu mit Sauerstoff auf. Da keine Landwirtschaft und Industrie störend auf diesen Prozess wirkt, erreicht das Wasser der Wisper die höchste Güteklasse bezüglich Sauerstoffgehalt und pH-Wert. Die Wisperforelle kann daher an keinem anderen Ort gezüchtet werden. Sie schmeckt nach dem Wisperwasser und ist ein Terroir-geprägtes Markenprodukt, sozusagen der Champagner unter den Forellen, mit Stil und Persönlichkeit.

TIPP

Einkehr im urigen Gasthof Dorfschänke Espenschied. Die Wisperforelle steht auf der Speisekarte.

Ute und Siegbert Seitz zogen 1995 mit ihren sechs Kindern hierher, erfüllten sich mit der alten Fachwerk-Laukenmühle einen Lebenstraum. Eine Teichanlage gehörte zur Mühle, wo Hobbyfischer Seitz sich verwirklichte. Der älteste Sohn Alexander brachte die Idee auf, die Forellen zu verkaufen. Er bot vorbeikommenden Wispertalausflüglern geräucherte Forellen an. Gleich beim ersten Mal konnte er zehn Stück verkaufen. Später erwarb die Familie noch die Fischteiche des Nachbarn Flach in der Schwalbacher Straße. In der hofeigenen Räucherei und im Hofladen können Endverbraucher dort die Regenbogen- und Lachsforellen fangfrisch, kalt oder heiß geräuchert erwerben und sich überzeugen, wie die Fische gehalten werden. Ihrer Art gerecht und stressfrei in von der Wisper durchströmten Teichen.

● Forellenhof Seitz, Schwalbacher Straße 74, 65391 Lorch (Rhein), Tel. (0 67 26) 5 86
www.wisperforelle.de

Ein Korallenriff für daheim

5

Bei der Rhein-Main Riffaquaristik in Liederbach

Ein Geschäft der besonderen Glücksart ist die Rhein-Main Riffaquaristik von Thomas Trass. Nach Voranmeldung ist hier ein Besuch in einer wundervollen Unterwasserwelt möglich, faire Preise und ausführliche Beratung inklusive. Die Riffaquaristik ist eine besonders faszinierende Form der Aquaristik, bei der das Ökosystem eines Korallenriffs in einem Aquarium zu Hause nachgebildet wird. Auf diese Weise ist es möglich, sich eine bunt schillernde Meereswelt in die eigenen vier Wände zu holen. Jeden Tag ist es wie Urlaub, die atemberaubenden Farben zu betrachten und meditativ das sanfte Wiegen der Fische, Korallen und Wirbellosen wie Garnelen, Krebse und Seesterne im türkisblauen Wasser zu beobachten und dabei immer wieder auch Neues zu entdecken.

TIPP

In der Tess – Eis & Tortenmanufaktur (Im Kohlruß 9–13) besonders leckeres Eis genießen.

Bei einem Riffaquarium handelt es sich um ein Meerwasseraquarium, das mit lebenden Organismen besetzt ist. Die Auswahl der Bewohner ist von großer Bedeutung, da sie in einem empfindlichen Gleichgewicht zueinander stehen und sich gegenseitig beeinflussen. So ist die richtige Kombination von Fischen und Korallen, die ebenfalls zu den Tieren gehören, entscheidend für das Wohlbefinden des gesamten Biotops. Korallen sind überwiegend Photosynthese betreibende Organismen und benötigen eine bestimmte Lichtintensität und ein gewisses Lichtspektrum, um gedeihen zu können. Spezielle Aquarienlampen imitieren das natürliche Sonnenlicht und werden so den Bedürfnissen der Korallen gerecht, was zu der schönen Atmosphäre beiträgt, die diese Aquarien ausstrahlen. Der Lichteinfall lässt die Farbenpracht von Weichkorallen, See- und Krustenanemonen geradezu explodieren.

Die Vielfalt der Korallenarten, die in einem Riffaquarium gehalten werden können, ist beeindruckend. Thomas Trass berät gerne auch bei der Einrichtung eines Meerwasseraquariums. Die farbenfrohen Unterwasserbewohner, die große Artenvielfalt und die klare Sicht im Aquarium machen einen Besuch bei der Rhein-Main Riffaquaristik zu einem unvergesslichen Erlebnis.

- Rhein-Main Riffaquaristik, Erlenweg 29, 65835 Liederbach am Taunus, Tel. (0 15 22) 1 88 02 04 (Voranmeldung)
- ÖPNV: Haltestelle Liederbach (Taunus)-Niederhofheim Liederbachhalle, ca. 400 Meter Fußweg

Höchstes Schwimmvergnügen

6

Im Freibad Schmitten

Beschaulich umgeben von grünen Wiesen und Bäumen lädt an sommerlich warmen Tagen das höchstgelegene Freibad im Taunus zu einem Sprung ins erfrischende Nass. Auf der großzügigen sonnenbeschienenen Liegewiese mit auch Schatten spendenden Bäumen entspannt schon der entzückende Ausblick in die Natur. Bis in die Abendstunden kann an diesem schönen Fleckchen Erde Sonne getankt werden. Das 50 Meter lange Edelstahlbecken führt reinstes Taunuswasser bester Qualität, erwärmt von einer Solaranlage. Für den Badespaß sorgen ein kreisförmiger Wildwasserkanal und eine Wasserrutsche. Zwei separate sonnengeschützte Kleinkindbecken sowie ein kleiner Kinderspielplatz an Land bieten Kindern Abwechslung. Müde Nackenmuskeln werden von einer Schwalldusche und einem Sprudelpilz massiert, und Wellnessangebote wie Qigong am Morgen tun unserem Körper gut. Dazu ist die Schwimmbadanlage mustergültig barrierefrei erreichbar, inklusive einem vorhandenen Wasserlift. Zum lebenden Inventar gehören zwei freundliche Schwimmmeister, die sich um die Belange der Badegäste kümmern. Ein Bistro mit Sitzplätzen unter Sonnenschirmen auf der Terrasse versorgt hungrige Wasserratten mit obligatorischen Pommes frites, Bratwürsten und Eis aus dem Kioskfenster. Innen bietet das Bistro – auch außerhalb der Freibadsaison – eine gemütliche Atmosphäre samt kulinarischen Überraschungen wie spanischen Tapas.

TIPP

Der Parkplatz des Schwimmbads verwandelt sich manchmal in einen Festplatz, zum Beispiel in ein Autokino.

Die Wiegerstraße, an deren Ende sich das Bad nach ausreichend kostenlosen Parkplätzen in die Natur schmiegt, ist benannt nach dem Kurarzt, der den Frankfurtern Ende des 19. Jahrhunderts die gute Luft im Taunus schmackhaft machte. Bis heute ist Schmitten ein staatlich anerkannter Luftkurort. Die Blütezeit des Tourismus erlebte der Hochtaunus in den 1920er- und 30er-Jahren. Das Gebäude des Schwimmbades, das nun moderne Umkleiden und Duschen beherbergt, ist im Stil der Strandbäder der Goldenen Zwanziger gehalten. Ihr nostalgischer Anblick entführt in die Zeit, in der „Freizeit“ entdeckt und in vollen Zügen genossen wurde.

- Freibad Schmitten, Wiegerstraße 32, 61389 Schmitten im Taunus, Tel. (0 60 84) 95 12 74, www.schmitten.de
- ÖPNV: Haltestelle Schmitten-Arnoldshain Schule

Plitsch, platsch

7 Wasserattraktionen in der Lochmühle in Wehrheim

Der Freizeitpark Lochmühle in Wehrheim, eine ehemalige Getreidemühle mit Bauernhof, ist ein Vergnügungsparadies für Groß und Klein. Neben zahlreichen Spielplätzen und Fahrgeschäften erwarten die Besucher auch Highlights rund ums Wasser. Der Wasserbob Nautic Jet bietet eine rasante Rutschpartie, bei der man mit einem Boot auf einer steilen Bahn in einen Teich mit Fontäne hinuntersaust. Mit hoher Geschwindigkeit gleitet man hinab und genießt das Aufspritzen des Wassers, wenn der Bob ins Wasser plumpst. Die Kinder können sich vor Lachen kaum halten. Ein Adrenalinschub für die ganze Familie!
Ein weiterer fröhlicher Wasserspaß wartet am Entenkarussell. Hier können kleine und große Besucher in bunte Entenboote einsteigen, die schaukelnd über das Wasser im Kreis über den runden Teich fahren.

TIPP
Die Traktorschienenbahn fährt lehrreich durch bepflanzte Äcker.

Die Biberbahn ist die Alternative für Kindergartenkinder. Eine spannende Tour in einem Bötchen, das durch einen Wasserkanal schippert. Die kleinen Seefahrer können die Geschwindigkeit selbst bestimmen und sich am Rand entlanghangeln.
Der Wasserspielplatz an der Alten Mühle im hinteren Bereich des Parks ist ein nasses Vergnügen, das für Kurzweil und Spannung an warmen Tagen sorgt. An dieser Stelle dreht sich ein Mühlrad im Wasser. Vor allem bei den jüngeren Besuchern ist der Platz sehr beliebt. Hier können sie nach Herzenslust planschen, spritzen und sich im kühlen Nass austoben. Die Eltern dürfen sich derweil auf den zahlreichen Grill- und Picknickplätzen entspannen und das unbeschwerte, fröhliche Treiben der Kinder beobachten. Strahlende Gesichter überall. Ein Besuch in der Lochmühle ist immer ein Garant für glückliche Momente und unvergessliche Erinnerungen mit landwirtschaftlichem Flair. Ein Teil des Parks, der Limes mit einem Kleinkastell, gehört zum UNESCO-Weltkulturerbe und ist auf dem Römer-Parcours zu entdecken. Praktisch ist, dass der Park direkt durch eine eigene Bahnstation vor der Tür erreichbar ist. Auch das Römerkastell Saalburg ist nicht weit.

- Freizeitpark Lochmühle, Lochmühle 1, 61273 Wehrheim, Tel. (0 61 75) 79 00 60 www.lochmuehle.de
- ÖPNV: Bahnhof Wehrheim Saalburg/Lochmühle

Weiches Quellwasser

8 Im Waldschwimmbad Niedernhausen

Umgeben von Wiesen liegt das beliebte Freibad Niedernhausen malerisch am Waldrand. Das saubere, solarbeheizte Freibad im Stil der 70er-Jahre bietet Freizeitspaß in drei Becken für große und kleine Wasserratten. Ein 50-Meter-Schwimmerbecken mit sechs langen Bahnen und einem Sprungturm lässt nicht nur die Herzen höherhüpfen. Für dieses Becken wurde eine Beckenabdeckung installiert, um die Wärmeenergie nachts weitgehend zu erhalten. Außerdem sorgt eine Zusatzheizung für eine Wassertemperatur von mindestens 23 Grad.

Das Wasser ist spürbar weich. Das liegt an der hauseigenen Quellwasserversorgung, mit der der Wasseraustausch im Waldschwimmbad stattfindet. Ein mittelgroßes Nichtschwimmerbecken mit einer Rutsche sowie ein separates Kinderplanschbecken bieten den Kleinen und Kleinsten reichlich Entfaltungsmöglichkeiten. Eine großzügige Liegewiese wartet auch mit Schattenplätzen unter großen Bäumen auf. Für Sportbegeisterte gibt es im Waldschwimmbad Niedernhausen ein Highlight: eine Beachsport-Multifunktionsanlage im Hangbereich, die vielseitig genutzt werden kann. Hier kann man Beachvolleyball, Beachsoccer, Handball oder Badminton spielen – im Sand. Das bringt Vergnügen und erinnert an einen Strandtag am Meer. Ein Kinderspielplatz ist auf dem Gelände ebenso vorhanden wie Tischtennisplatten. Der Kiosk verwöhnt die Schwimmbadbesucher mit einem reichhaltigen Angebot an kalten und warmen Getränken, Eis und kleinen Speisen.

So steht einem erholsamen Tag in erfrischendem Nass im Taunus nichts im Wege. Hier hält man sich an sonnigen Tagen gerne auf. Damit das noch lange so bleibt, hat sich ein Förderverein gegründet, der jedes Jahr auch ein fröhliches Familienschwimmbadfest mit vielen Aktionen veranstaltet.

TIPP

Am Wochenende die Straußwirtschaft Schindtriescher Hütte (Heftricher Weg) in Oberjosbach besuchen.

● Waldschwimmbad Niedernhausen, Quellenweg 11, 65527 Niedernhausen, Tel. (0 61 27) 90 31 55
www.waldschwimmbad-niedernhausen.de/das-waldschwimmbad
● ÖPNV: Haltestelle Niedernhausen Ulmenstraße

Strand mit Schlossblick

9

Klein Nizza in Weilburg

Klein Nizza ist wohl ein beliebter Name für Erholungsgebiete in deutschen Städten fernab des Meeres. In Frankfurt gibt es zum Beispiel ein Nizza-Ufer am Main. Der Name rührt neben dem dort vorhandenen mediterranem Mikroklima sicher auch daher, dass die französische Mittelmeerstadt an der Côte d'Azur über einen Stadtstrand verfügt. Wohnen in einer Stadt mit Strand – wie schön ist das denn? Urlaub jeden Tag. Das ist auch mitten in der barocken Residenzstadt Weilburg an der Lahn möglich. Tatsächlich versprüht die Anlage Klein Nizza eine einzigartige Côte-d'Azur-Atmosphäre, die in den Bann zieht und sich nach einem erholsamen Kurzurlaub anfühlt. Direkt am Lahnufer gegenüber dem Schloss bietet das Naherholungsgebiet Urlaubsflair auf mehreren Ebenen. Sandflächen mit Bastsonnenschirmen, Liegewiese, chillige Sitzgelegenheiten mit Blick auf das Wasser und Schloss. Ein Postkartenmotiv.

TIPP
Der älteste und noch befahrbare Schifffahrtstunnel Deutschlands befindet sich in Weilburg.

Für eine kleine Auszeit ist Klein Nizza ein traumhafter Ort an der über eine Staustufe rauschenden Lahn. Die Gastronomie Strandgut wartet mit einem Biergarten und einer Beachbar auf und reicht regionale Speisen mit selbst gebrautem Bier. Auf Holzpodesten kann man mit Aussicht speisen und ist der Lahn ganz nah. Das Ambiente wird an manchen Abenden mit Livemusik untermalt und bietet einen barrierefreien Zugang zur Lahn, auch für Familien mit Kinderwagen. „Wir haben ein einzigartiges Gebiet für Entspannung, Genuss und Aufenthalt direkt an einer der schönsten Stellen unserer Stadt geschaffen, das sowohl für die Weilburgerinnen und Weilburger als auch für die Touristen als neues Highlight in Weilburg und der gesamten Region bezeichnet werden kann", sagte Bürgermeister Dr. Hanisch zu Recht bei der Eröffnung.
Es bietet sich bei der Gelegenheit auch ein Spaziergang durch die Stadt an. Ein virtuell geführter Weilburger Stadtrundgang ist übers Handy aufrufbar. Die QR-Codes hierfür sind überall in der Stadt einscannbar. Das Gebiet ist außerdem an den Lahnradweg angebunden.

- Naherholungsgebiet Klein Nizza, Am Bootshaus 3, 35781 Weilburg
- ÖPNV: Haltestelle Weilburg Postplatz

Sehnsucht nach Meer

10 Beim Konzert des Shanty-Chors Oberursel

Ein Konzert des Shanty-Chors Oberursel ist ein Erlebnis. Der Männerchor, unterstützt von Instrumentalmusikern, entführt das Publikum mit mitreißenden Liedern in die Welt der Seefahrt und der Küstenregionen. Eine Reise voller Emotionen!
In ihren traditionellen Matrosenuniformen strahlen die Sänger eine Mischung aus Stolz und Freude aus. Das maritime Element eines Rettungsrings und auch das Spendenschiff der Deutschen Gesellschaft zur Rettung Schiffbrüchiger dürfen nicht fehlen. Man fühlt sich sofort an Bord eines Segelschiffes versetzt, „ringsum nur Wellen und Meer“. Sobald der in Vollbesetzung 30-köpfige Chor die ersten Töne anstimmt, ist die Aufmerksamkeit der Zuschauer geweckt. Die kraftvollen Stimmen der Sänger lassen das Seemannsleben lebendig werden. Die Lieder erzählen vom Fernweh, von der Sehnsucht nach den Liebsten, von der Liebe zum Meer, von der harten Arbeit an Bord und von Abenteuern. „Seemann, deine Heimat ist das Meer, deine Freunde sind die Sterne …“ Voller Poesie nehmen sie das Publikum mit auf große Fahrt.
Das Repertoire des Chors besteht zum einen aus Shantys, die das Leben auf See reflektieren. Am bekanntesten sind wohl „What shall we do with the drunken sailor“ oder heutzutage „Wellerman“. Im Rhythmus ließ sich die schwere Schufterei wie Tauziehen, Segel hissen oder Laden der Fracht besser bewältigen. Seasongs sind die andere Sparte des Liedguts des Chors, sie öffnen Herzen und laden zum Träumen ein. Die besungene Sehnsucht lässt beim Publikum Gänsehaut aufkommen mit „La Paloma“ oder auch „My Bonnie“. Begleitet von Gitarre und Schifferklavier entsteht eine authentische Atmosphäre. Viele Lieder sind bekannt und laden die Gäste mit ihren eingängigen Melodien zum Mitsingen, Mitklatschen und Schunkeln ein, wie „Wo die Nordseewellen …“. Der Shanty-Chor Oberursel ist eben die „Waterkant im Hessenland“.

TIPP

„Sylt zu Gast“ im Februar im Kurhaus Ochs in Schmitten: nordische Spezialitäten mit dem Shanty-Chor.

- Shanty-Chor Oberursel e. V., Im Himmrich 9, 61440 Oberursel (Taunus), Tel. (0 61 96) 40 96 66, www.shanty-chor-oberursel.de
- ÖPNV: Haltestelle Oberursel (Taunus)-Bommersheim Kalbacher Straße

SHANTY - CHOR
OBERURSEL
1986

Badespaß für Wasserratten

11 Im Seedammbad Bad Homburg

Ob Frühling, Sommer, Herbst oder Winter, das Seedammbad ist immer ein Garant für Freude im Wasser. Ein Glanzpunkt des großen Spaßbades mit seiner Wasserlandschaft mit sage und schreibe elf Schwimmbecken ist die Kombination aus Hallen- und Freibad. Strahlt die Sonne, lässt sich sogar eine Front der Fassade des Abenteuerbeckens öffnen und dieses wird Teil des Freibades. Auf der riesigen Rasenliegefläche findet ein jeder an sonnigen Tagen ein Plätzchen zum Entspannen, um ein Buch zu lesen oder die warmen Sonnenstrahlen zu genießen. Große Bäume spenden an heißen Tagen Schatten.
Kinder lieben den Abenteuerbereich – vor allem wegen des Vergnügens, die 70-Meter-Riesenrutsche, eine Black-Hole-Rutsche mit Lichteffekten, in den reißenden Strömungskanal hinunterzugleiten, weiter in eine brodelnde Bucht. Die Rutsche endet im Außenbecken, durch einen Durchschwimmkanal gelangt man wieder ins warme Innere. Auch die steilen Breitrutschen bringen die Kinder zum Lachen. Ein Wasserpilz und ein Wasserfall sorgen für spritzige Erlebnisse. Spannende Abwechslung bereitet eine Wasserhöhle. Ein Planschbecken für die Minis ist natürlich auch vorhanden. Im Außenbereich gibt es ein bunt gestaltetes Kleinkinderbecken. Ein Spielplatz und ein Beachvolleyballfeld sowie Tischtennisplatten runden das Spaßangebot ab.

TIPP
Online Eintrittstickets kaufen. Dann braucht man nicht in der langen Schlange zu stehen.

Schwimmer können in den Sportbecken im Innen- und Außenbereich ihre Bahnen ziehen. Durch die große Glasfront ist das Sportbecken im Inneren hell und einladend, an der Kopf- und Fußseite warten Liegen zum Entspannen. Die Sauna, ein wohlig warmer Whirlpool und der Ruheraum laden ebenfalls zum Relaxen ein. Zur Stärkung zwischendurch bereitet die Gastronomie mit Blick auf das Wassererlebnis frische und hausgemachte Speisen aus regionalen Produkten zu. In einem Shop kann man vergessene Utensilien nachkaufen. Hier lässt sich ein abwechslungsreicher und erholsamer Blauer Glückstag verbringen. Das Beste: Parken kann man am Seedammbad kostenfrei.

● Seedammbad, Seedammweg 7, 61352 Bad Homburg v. d. Höhe, Tel. (0 61 72) 4 01 32 40, www.stadtwerke-bad-homburg.de/seedammbad
● ÖPNV: Haltestelle Bad Homburg v. d. Höhe Seedammbad

Klappernde Mühlen

12 Im Wambacher Mühlenmuseum

Ein großes Wasserrad zeigt schon von Weitem den Weg zum Wambacher Mühlenmuseum und lädt zu einer kleinen Zeitreise ein. Das Mühlenmuseum von Karlheinz und Ursula Luft gibt einen Einblick, wie die Menschen in der vorindustriellen Zeit lebten und arbeiteten. Schon seit dem Altertum wusste der Mensch das Wasser für seine Zwecke zu nutzen, das ihm vor allem beim Mahlen des Mehls für das tägliche Brot schwere Arbeit abnahm. Die Wambacher Mühle wurde erstmals im Jahr 1756 erwähnt und war eine Mahl- und Ölmühle. Mühlen wurden aber auch genutzt, um Papier herzustellen oder Holz zu bearbeiten und mehr. Etwa 120 verschiedene Arbeitsvorgänge können mithilfe der Wasserkraft ausgeführt werden. Das Museum zeigt original erhaltene Arbeitsplätze und funktionstüchtige Geräte aus früheren Zeiten.

Überwältigend ist die ausgestellte Vielfalt der alten Techniken und Handwerkszeuge: eine eingerichtete Apotheke, eine Schmiede, der Arbeitsplatz eines Schusters und eines Malers. Ein Teil der Ausstellung befindet sich an der guten Taunusluft. Am Teich können Pumpen zur Förderung von Wasser selbst ausprobiert werden – faszinierend für Kinder und Erwachsene. Landwirtschaftliche Geräte werden präsentiert, etwa ein historischer Leiterwagen oder ein Setz- und Pflanzgerät. Interessant ist auch die Sammlung rund um die Mühlentechnik und die zahlreichen Mühl- und Schleifsteine. Die Natur erspüren kann man rund um das Mühlenmuseum auf einem Barfußpfad mit 16 verschiedenen Erfahrungsfeldern – am Wegesrand weitere Maschinen, Pumpen und Geräte. Ausreichend Parkplätze sind vorhanden und der Eintritt zu diesem spannenden Ausflugsziel ist frei.

Anschließend lohnt sich eine Einkehr oder auch Übernachtung im nebenan liegenden Landgasthaus und Hotel Wambacher Mühle, einem romantischen Ort, in dem auch viele Hochzeiten gefeiert werden. Das angebotene Bio-Wild von heimischen Jägern, Forellen aus dem eigenen Teich, frische Kräuter aus dem Kräutergarten und Weine aus der Region sind ein Fest für die Sinne.

TIPP

Wanderung zum alten Köhlerplatz und Aussichtspunkt Kuckucksley mit schönem Blick auf das Walluftal.

- Wambacher Mühlenmuseum, Mühlenmuseum 1, 65388 Schlangenbad, Tel. (0 61 29) 12 22, www.wambacher-muehlenmuseum.de
- ÖPNV: Haltestelle Schlangenbad Wambacher Mühle

Die Heilkraft des Wassers

13 An der Wassertretanlage Gemünden

In wunderschön idyllischer Lage befindet sich in Gemünden eine kleine, aber feine Wassertretanlage. Umgeben ist sie von einem halbhohen Zaun und grünen Laubbäumen. Traumhaft ruhig ist es hier, nur Naturstimmen sind zu hören. Ein Besuch lässt sich mit einem erquicklichen Waldspaziergang in der Umgebung verbinden. Auf diese Weise bekommt das Wort Waldbaden eine neue Bedeutung. Etwas unterhalb liegt der Naturparkplatz Am Mai, so ist es auch für Menschen, die nicht so gut zu Fuß sind, gut erreichbar. Jedes Jahr meist ab Mai, sobald es die Temperaturen erlauben, ist die Anlage geöffnet und kann frei genutzt werden. Sie besteht aus einem Arm- und einem Wassertretbecken, das nur ungefähr 40 Zentimeter hoch mit kühlem Wasser gefüllt ist. Das Wassertreten darin ist eiskalt und belebend, es befreit die Sinne sowie die Nase und regt den Kreislauf an.

TIPP
Einkehr im Landgasthof Zur Linde und auf der Terrasse unter der 100-jährigen Linde schmausen.

Unter Wassertreten nach Kneipp versteht man das Waten in wadentiefem kaltem Wasser. Hierbei werden die Beine bei jedem Schritt über die Wasseroberfläche herausgezogen. Die Dauer des Wassertretens sollte nur 10 bis 20 Sekunden betragen, immer bis ein leichtes Schmerzgefühl eintritt. Danach wird das Wasser mit den Händen von den Beinen abgestreift. Nun sollte man das Wasser kurz verlassen, um die Füße aufzuwärmen. Durch Fußgymnastik oder Gehen im Trockenen stellt sich anschließend wieder ein angenehmes Wärmegefühl ein. Dieser Vorgang kann mehrmals wiederholt werden. Doch vor den Anwendungen sollen die Beine warm sein. Im Sinne einer ganzheitlich orientierten gesunden Lebensweise, die sich der Heilkräfte der Natur bedient, dient das Wassertreten der Abhärtung und der Stärkung des Immunsystems. Es eignet sich daher bestens zur Gesundheitsvorsorge.

Neben dem Wassertretbecken steht ebenfalls ein erhöhtes Becken für ein kaltes Armbad zur Verfügung. Dieses Verfahren wird auch Kneipp'scher Bohnenkaffee genannt, weil die Kühle an den Unterarmen wach macht und die Lebensgeister weckt. Und all das ganz ohne Nebenwirkungen.

- Wassertretanlage Gemünden, Feldstraße, 61276 Weilrod
- ÖPNV: Haltestelle Weilrod-Gemünden Usinger Straße

Schwimmende Feier

14

Auf dem Eventfloß auf dem Dutenhofener See

So ist mondänes Leben: eine gediegene Feier mit Familie und Freunden auf einem überdachten Floß mit Loungemöbeln, rundum nur Wasser. Das Eventfloß von The Lakeland am Dutenhofener See ist elegant gestaltet und bietet Platz für bis zu 30 Gäste, die auf dem Wasser fernab vom Ufer eine schöne Zeit verbringen können. Das Floß ist mit einem Bootsmotor ausgestattet. Freundliches Personal nimmt die Festgesellschaft in Empfang und fährt mit ihr hinaus auf den 35 Hektar großen See mit seinen drei Inseln. An einem schönen Platz – ausgesucht je nach Wind und Wetter – wird das Floß vor Anker gelegt. Anschließend geht das Personal von Bord und die exklusive Festivität kann beginnen. Ein Tretboot ist bei Bedarf die Brücke zurück zum Ufer.

Das Eventfloß ist mit gemütlichen Rattansofas mit Kissen ausgestattet, die allem ein luxuriöses, stilvolles Ambiente verleihen. Zusätzliche thematisch passende Dekoration kann natürlich noch angebracht werden. Getränke und Speisen bringt man selbst mit oder lässt sie sich liefern, dazu kann auf dem Floß gegrillt werden.

Sich an einem Buffet bedienen, ein kühles Getränk und zwischendurch ins kühle Nass springen: Das ist Sommerglück pur. Bequem über eine Badeleiter klettert man wieder auf das Holzfloß und sonnt sich auf den Holzdielen. Dezente Musik macht das Erlebnis perfekt. Während der Feier können die Gäste die Aussicht auf das Wasser und die umliegende Landschaft genießen, sicher ein unvergessliches Erlebnis für jeden, der dabei war. Ob Geburtstag, Firmenfeier oder sogar Trauungen, alles kann hier möglich gemacht werden. Reservierungen für das Eventfloß sind auch online über die Homepage möglich.

The Lakeland vermietet außerdem Tretboote, SUPs und die kleine Schwester: ein Minifloß.

TIPP

Ein Tretboot mit Rutsche für noch mehr Spaß gleich mitmieten.

- Eventfloß von The Lakeland, Dutenhofener See, 35582 Wetzlar, Tel. (0 64 45) 92 30 00, https://thelakeland.de
- ÖPNV: Bahnhof Wetzlar-Dutenhofen, ca. 1,2 Kilometer Fußweg

Märchenhafter Rhein

15 Auf Burgenrundfahrt mit der Rössler Linie

Sehnsuchtsort Schiff – ein absolut blauer Glücksort. Die Burgenrundfahrt der Rössler Linie eröffnet hinreißende Ausblicke auf das romantische Mittelrheintal: Der Rheinabschnitt von Rüdesheim nach Rheinstein mit einer Vielzahl an mittelalterlichen Burgen gehört zum UNESCO-Welterbe. Die täglich angebotene Rundfahrt dauert 1,5 Stunden. Zusteigen und zwischendurch aussteigen kann man an jedem Ort, zum Beispiel in Assmannshausen oder in Rüdesheim.

Die Schifffahrt auf dem Rhein von Rüdesheim nach Burg Rheinstein ist eine malerische Reise auf dem Fluss, eine Kraftoase mit Genusspotenzial. Das Schiff fährt sanft den Rhein hinunter, vorbei an üppigen Weinbergen und grünen Hügeln. Die Passagiere können die atemberaubende Landschaft genießen, während sie sich an Deck entspannen oder durch die großen Fenster des Schiffes auf den Hauch von Mittelalter blicken. Die Devise lautet, sich Zeit zu nehmen, die frische Luft und die Ruhe des Rheins zu genießen, während das Schiff sanft dahingleitet.

Auf der Fahrt passiert das Schiff zahlreiche Burgen, ob Burg Reichenstein bei Trechtingshausen, Ruine Ehrenfels oder den sagenumwobenen Mäuseturm im Binger Loch. Eine der bemerkenswertesten ist die Burg Rheinstein, die geradezu märchenhaft auf einem steilen Felsen über dem Rhein thront. Die Burg stammt aus dem 13. Jahrhundert und ist ein beeindruckendes Beispiel für mittelalterliche Architektur. Die Passagiere haben die Möglichkeit, die Burg zu besichtigen und mehr über ihre Geschichte zu erfahren. An Weihnachten verwandelt sie sich übrigens in eine romantische Weihnachtsburg.

Kapitänin Bianka Rössler ist schon eine Berühmtheit. Sie war im Fernsehen zu sehen und wurde in einem Buch über starke Frauen verewigt. Die gelernte Maschinenschlosserin leitet das Familienunternehmen in der siebten Generation und war, seit sie denken kann, mit ihrem Papa auf den Schiffen. Auf dem Rhein und auf dem Schiff ist sie immer glücklich und lässt ihre Gäste gerne daran teilhaben.

TIPP

Weitere Themenfahrten: Natur-Exkursion, Weihnachtsrundfahrt, Rhein in Flammen oder Schwimmende Weinprobe.

- Burgenrundfahrt Rössler Linie, z. B. ab Anlegestelle Rüdesheim, Brücke 12, Rheinstraße 16, 65385 Rüdesheim am Rhein, Tel. (0 67 22) 23 53 www.roesslerlinie.de
- ÖPNV: Bahnhof Rüdesheim (Rhein)

RHEINGAU
RHEINGAU

Schneefreuden

16 Auf dem Rodelhang am Pechberg in Oberreifenberg

Wenn die Schneeflöckchen leise rieseln, hüpfen nicht nur Kinderherzen. Blaues Glück lässt sich so auch im Winter erfahren. Dann verwandelt sich der Taunus in eine weiße Märchenlandschaft. Dank der Inversionswetterlagen in dieser Jahreszeit erstrahlt der Himmel in kräftigem Blau und der Schnee glitzert in der Sonne. Der Rodelhang in Oberreifenberg am Pechberg wird zur Winteroase. Vom Namen sollte man sich nicht abschrecken lassen, er verweist auf Pechöfen an dieser Stelle in vergangener Zeit. Besonders reizvoll ist die Aussicht während der Abfahrt. Vor einem liegt nichts als weiße Natur, ein atemberaubender Blick über die unberührte Landschaft. Während man den langen Abhang hinuntergleitet, ist man dem Alltag entrückt. Für Kinder ist der Pechberg ein wahres Paradies. Das Lachen und Kreischen der kleinen Rodler ist ansteckend. Für das leibliche Wohl und warmen Trank sorgt eine kleine Würstchenbude. Der Ski-Club Taunus bietet an Schneewochenenden hier sogar Skikurse für Kinder an.

Auf dem 650 Meter hoch gelegenen Oberreifenberg und auf dem 200 Meter höheren Großen Feldberg fällt häufiger Schnee als im übrigen Rhein-Main-Gebiet. Das Feldberggebiet war früher noch schneesicherer und ein touristisches Wintergebiet. Ein Skilift ist an der Jugendherberge in Oberreifenberg auf der Heimlichen Wiese noch vorhanden. Übrigens kann man vom Feldbergplateau auf dem sogenannten Siegfriedschuss bis zum Skilift an der Jugendherberge hinunterrodeln. Noch weiter geht es sogar bis nach Niederreifenberg. Von dort bringt der Linienbus die Abfahrer wieder nach oben.

Da der Rodelhang bei den ersten Schneeflocken zum Magnet wird, empfiehlt es sich, auf den zahlreichen Parkplätzen entlang der Strecke zu parken oder die Buslinie von der U-Bahn-Station Oberursel (Taunus) Hohemark in Richtung Feldberg zu nutzen, die an Schneewochenenden häufiger verkehrt. Einkehrmöglichkeiten zum Aufwärmen gibt es im Ortskern im Café Waldschmitt und in der Pizzeria Toni hinter dem Parkplatz Pfarrheckenfeld.

TIPP

Am dritten Adventswochenende findet in Schmitten-Oberreifenberg ein romantischer Weihnachtsmarkt statt.

- Rodelhang am Pechberg, Siegfriedstraße 67, 61389 Schmitten im Taunus
- ÖPNV: Haltestelle Schmitten-Oberreifenberg Siegfriedsiedlung

Sommerspaß

17 Im Freizeit- und Erlebnisbad Selters

Im Freibad in Niederselters vergnügen sich Erwachsene und Kinder viele Sonnenstunden. Eine angenehme Wassertemperatur macht das Schwimmen und Planschen zu einem vergnüglichen Freizeitspaß.
Besonders beliebt im Freibad ist der Eltern-Kind-Bereich, in dem die Kleinen unter einem Sonnensegel unbeschwert das nasse Element kennenlernen und ausprobieren können. Ein roter Pilz sprudelt Wasser in der Mitte. Die Eltern sehen ihren Sprösslingen von der Liegewiese, in die der Bereich integriert ist, oder den Bänken um das runde Kleinkinderbecken aus bei ihren Wasserabenteuern zu und lernen andere Familien kennen. Auf dem schönen Spielplatz können sich die Kleinen beim Klettern, Rutschen und Schaukeln vergnügen. Für die Größeren ist die Wellenrutsche das Glückserlebnis. Mit einem großen Platsch landet man im Wasser! Im Schwimmerbecken ist außerdem ein Sprung in das angenehme Nass von den Startblöcken und einem 1-Meter-Sprungbrett möglich. Ein Freizeitbecken mit Strömungsdüsen für eine Unterwassermassage und eine Schwalldusche für eine Nackenmassage laden zum Verweilen ein. Der sportliche Teil des Beckens und das Nichtschwimmerbecken sind durch eine halbrunde Brücke voneinander getrennt und trotzdem durch das Wasser verbunden, so wird das Freizeit- und Erlebnisbad Selters zum idealen Familienbad.

TIPP
Die Papageien in der Vogelburg Weilrod besuchen und unbedingt die Vorführung anschauen.

Auf den Liegewiesen im Grünen kann man sich unter anderem auf den vereinzelt aufgestellten ergonomisch geformten Waldsofas oder Bänken entspannen. Ein überdachter Picknicktisch befindet sich im Spielplatzbereich. Frei stehende einzelne Holzumkleiden ersparen lange Wege, und sportliche Angebote wie Tischtennisplatten halten fit. Auch das Beachvolleyballfeld im Sand zeichnet das Freibad aus. Versüßt wird der Aufenthalt durch Getränke und Snacks am Kiosk.
Im Bereich des Parkplatzes des Freibades im Ortsteil Niederselters befinden sich für Kurzurlauber sogar Stellplätze für Wohnmobile. Die Nutzung ist kostenfrei.

● Freizeit- und Erlebnisbad Selters, Am Schwimmbad 3 b, 65618 Selters (Taunus), Tel. (0 64 83) 67 11, www.selters-taunus.de/tourismus-freizeit/freibad-niederselters ● ÖPNV: Bahnhof Selters (Taunus)-Niederselters

Naturnah

18 Am Meerpfuhl in Merzhausen

Der Meerpfuhl ist ein wunderschöner Teich. An diesem Ort der Stille und Entspannung lässt sich die Natur so richtig genießen. Zwischen Bäumen und Sträuchern von Feldern und einem Friedwald umgeben liegt dieser idyllische kleine Angelweiher. Nur von einer Seite ist er über eine Wiese zugänglich. Hier kann man wunderbar spazieren gehen, joggen oder einfach nur entschleunigen. Ursprünglich wurde er als Wasserreservoir für Mühlen angelegt. Heute ist es ein Naturparadies, vor allem für Vogelliebhaber. An diesem Ort wird Artenschutz großgeschrieben, Informationstafeln klären darüber auf. Der Meerpfuhl steht als Kulturdenkmal sogar unter Naturschutz. Daher kann man hier viele verschiedene Vogelarten beobachten und ihren Gesängen lauschen. Die Wiesen rund um den Meerpfuhl bieten nicht nur Brutplätze für die heimische Vogelwelt, sondern ebenfalls Rast- und Überwinterungsmöglichkeiten für Zugvögel. Auch gefährdete Arten wie die Feldlerche oder der Sumpfrohrsänger wurden am Meerpfuhl als Brutvögel gesichtet. Während der Brutzeit der Vögel sollten die Wiesen nicht betreten werden. Hunde müssen angeleint bleiben. Besonders schön ist es, am Meerpfuhl den Sonnenauf- oder -untergang zu erleben. Die Farben des Himmels spiegeln sich im See und verleihen dem Ort eine magische Atmosphäre. Am Meerpfuhl ist man im Einklang mit der Natur.

TIPP
Kaffee und Kuchen mit wunderschönem Weiltalblick auf der Terrasse der Espabar in Neuweilnau genießen.

Wer gerne wandert, dem sei der nach dem gleichnamigen Aussichtspunkt benannte Hundertstufenweg empfohlen. Die 6 Kilometer lange Wanderstrecke beginnt am Meerpfuhl. Der Weg führt durch den Wald und bietet atemberaubende Ausblicke auf die Umgebung. Bis nach Altweilnau kann man wandern und gelangt in einer Runde wieder an den Meerpfuhl zurück. Auch für Radfahrer gibt es in der Umgebung zahlreiche Wege, die durch schöne Landschaft führen. Am Parkplatz des Meerpfuhls an der Straße zwischen Merzhausen und Altweilnau ist übrigens ein imposantes Naturdenkmal zu bewundern: eine alte Eiche mit einem beachtlichen Stammumfang, die von Weitem schon zu sehen ist.

- Meerpfuhl, 61250 Usingen
- ÖPNV: Haltestelle Usingen-Merzhausen Weilstraße, ca. 1 Kilometer Fußweg

Buntes Treiben

19 Im Biergarten an der Schleuse Löhnberg

In Alleinlage steht das weiß gestrichene Haus mit den blau gerahmten Fenstern und den schönen Blumenkästen an der Lahn bei der Schleuse Löhnberg. Schleusenwirt Ernst Bott ist hier groß geworden. „Als ich Kind war, war hier nichts los." Doch mit der Zeit kamen immer mehr Touristen, Kanuwanderer und Radfahrer. „So entstand die Idee, unten einen Kiosk zu eröffnen." Dort bekommt man Kaffee und selbst gebackenen Kuchen, Süßigkeiten, Eis und Getränke. Später kam der Biergarten mit Grill oben auf der Terrasse dazu, der am Wochenende geöffnet ist. Der Biergarten liegt idyllisch direkt an der Lahn. Mit Blick auf die vorbeifahrenden Boote lässt es sich gut aushalten. Ein schöner Ort, um die eine oder andere Stunde unter den Sonnensegeln zu sitzen. Die ungekünstelte Atmosphäre, faire Preise und der wunderschöne Ausblick auf die Lahn machen einen Besuch zu einem entspannten Erlebnis. Er eignet sich auch für eine Pause während eines Sonnenspaziergangs am Wasser, einer Radtour auf dem Lahnradweg oder einer Wasserwanderung auf der Lahn. Kanus können an einer kleinen Insel anlegen.

TIPP
Als Kontrastprogramm ins Rosenhang Museum für zeitgenössische Kunst in Weilburg.

Auf der Speisekarte des Biergartens stehen verschiedene Bratwürste vom Grill, mit Pommes frites oder im Brötchen. Dazu gibt es eine große Auswahl an kühlen Getränken, von diversen Biersorten über Apfelwein bis hin zu alkoholfreien Erfrischungen. Bei Speis und Trank kann man den Blick über die Lahn schweifen lassen und dem Treiben an der Schleuse zusehen. Langsam fahren die Boote in die Schleuse ein und überwinden dann durch das Öffnen und Schließen der Tore den Höhenunterschied des Wassers. Dieses Schauspiel ist faszinierend.

Das Flair der Lahnschleusen ist geprägt von der Natur und der Geschichte der Region. Die Lahn schlängelt sich durch malerische Landschaften vorbei an historischen Orten. Die Schleusen sind Zeugen einer längst vergangenen Zeit, in der der Fluss noch eine wichtige Rolle für den Transport von Waren spielte.

- Biergarten an der Schleuse Löhnberg, Schleuse 1, 35792 Löhnberg
- ÖPNV: Bahnhof Löhnberg, ca. 500 Meter Fußweg über die Lahnbrücke Löhnberg

Naturschauspiel im Wald

20

Am Wasserfall im Rombachtal bei Königstein

Ein echter Geheimtipp für Naturliebhaber ist der kleine Wasserfall Billtalhöhe im romantischen Rombachtal bei Königstein im Taunus. Mit seiner reizvollen Umgebung und dem beruhigenden Rauschen des Wassers ist er ein Naturschauspiel, das man einfach erleben muss. Der Wasserfall liegt inmitten einer idyllischen Waldlandschaft und ist einer der wenigen Wasserfälle im Taunus. Die Seltenheit dieses Naturphänomens ist allein schon einen Besuch wert. Egal zu welcher Jahreszeit, es lohnt sich immer. Ein Abstecher zum Wasserfall bietet sich nicht nur auf längeren Wanderungen an, sondern auch, wenn man nur eine kleine Auszeit sucht, um frische Kraft zu tanken.

Je nachdem, von wo und auf welchem malerischen Weg man den Wasserfall erreicht, zeigt er sich in unterschiedlicher Form. Auf dem Pionierweg ist er praktisch für jeden erreichbar. Denn der Wanderweg ist leicht begehbar, hat keine starken Steigungen und verläuft gerade. Auf der einen Seite steigt die Landschaft in die Höhe, auf der anderen fällt sie ab – eine außergewöhnlich zauberhafte Waldlandschaft. Von Fernem ist schon ein Rauschen zu vernehmen. Dann ist er da. Man schaut von oben hinunter auf den Wasserfall, der unter dem Weg durch ein Rohr geleitet wird. Wenn man die Perspektive von unten einnehmen möchte, ist er etwas schwieriger zu erreichen, da der Abstieg sehr steil ist, aber man wird entschädigt, sobald man ihn unten in seiner gesamten Länge bewundern kann. Der Wasserfall schlängelt sich durch eine kleine Schlucht an einem Hang mit üppigem Waldgrün entlang. Rund 9 Meter stürzt das Wasser an der Hauptfallstufe in die Tiefe. Es ist ein prächtiger Anblick, dem Wasser in seinem natürlichen Lauf zuzusehen und die frische Atmosphäre zu genießen. Nach starken Regenfällen und besonders auch bei eisigen Temperaturen, wenn sich Eiszapfen bilden, bietet der Wasserfall ein tolles Naturerlebnis.

TIPP

Einkehr im Ausflugslokal Naturfreundehaus Billtalhöhe, ein paar Minuten Fußweg vom Wasserfall.

- Wasserfall Billtalhöhe, Pionierweg, 61462 Königstein im Taunus
- ÖPNV: Haltestelle Königstein (Taunus) Marienhöhe, ca. 600 Meter Fußweg

Liebesbrücke

21

Am Schwanenteich im Kurpark Bad Homburg

Von der ewigen Liebe träumt ein jeder. Frisch verliebte Paare garantieren sich manchmal ihre Liebe durch Liebesschlösser, die sie für ewig an Geländern von Brücken als Symbol für ihre Verbundenheit befestigen. Die Liebesbrücke über den Schwanenteich im Kurpark Bad Homburg ist eine davon, ein romantischer Ort, der schon viele Herzen höherschlagen ließ. Die kleine Brücke, die über den entzückenden Teich führt, ist ein beliebtes Ziel für Verliebte. Das verschnörkelte Metallgeländer ist bereits mit zahlreichen Liebesschlössern geschmückt. Paare haben hier schon den Bund fürs Leben geschlossen oder sich ihre Liebe gestanden. Jedes Schloss erzählt eine eigene Geschichte und trägt dazu bei, dass die Brücke zu einem Symbol der Liebe und des Glücks wird.

TIPP

Ein Candle-Light-Dinner am Valentinstag mit Tapas im Luna y Sol in der Louisenstraße 114.

Hendrik und Maria sowie Kathi und Basti sind mit roten Metallschlössern und Herzensgravur mit einem Datum verewigt, Klaus und Gerda sind schon seit einer halben Ewigkeit – seit 1981 – zusammen und sind es vermutlich noch, da das glänzende Schloss recht neu aussieht. Peter Pan und Tinkerbell waren 2016 laut einer Gravur wohl auch schon dort. Ein letztes Mal wurde damals das Schloss zugeschlossen und dann versank der Schlüssel im Wasser – für immer und ewig. Die Fontäne im Teich spritzt freudig in die Höhe und sorgt für eine fröhliche Kulisse bei der Besiegelung der Liebe. Zu diesem gefühlsbetonten Ritual passt ein Picknick auf der weitläufigen Wiese im angrenzenden Jubiläumspark. Der Brauch, Liebesschlösser an Brücken anzubringen, stammt ursprünglich aus Italien und hat sich mittlerweile in viele Länder ausgebreitet. Bekannte Brücken mit Liebesschlössern sind die Ponte Milvio in Rom, Pont Neuf in Paris oder die Bridge of Love in Helsinki. Hinter dem Schwanenteich ist der goldene siamesische Tempel Thai-Sala zu bewundern, ein schönes Fotomotiv an diesem erinnerungswürdigen Tag.

- Schwanenteich im Kurpark, Ecke Schwedenpfad/Landgrafenstraße, 61348 Bad Homburg v. d. H.
- ÖPNV: Haltestelle Bad Homburg v. d. H. Kurhaus

Rast am Rhein

22 Am Oestricher Kran

Am Rheinufer in Oestrich-Winkel ist Geschichte spürbar. Seit dem 18. Jahrhundert steht am Kai der barocke Oestricher Kran, der einst Lasten auf Schiffe gehoben hat. Heute ist das Wahrzeichen des Ortes ein beliebter Treffpunkt für Einheimische und Touristen. Die historische Altstadt ist nur ein paar Minuten entfernt. Eine Rast am Oestricher Weinverladekran ist eine wunderbare Möglichkeit, um eine entspannte Draußenzeit zu verleben und die Schönheit des Rheins zu genießen. Es sind mehrere Sitzgelegenheiten rund um den Kran vorhanden – direkt am Wasser. An einem sonnigen Tag kann man die idyllische Atmosphäre auf sich wirken lassen. Einmal sich Zeit zum Träumen nehmen und die vorbeifahrenden Schiffe beobachten. Es ist ein Ort, an dem man dem Alltagsstress entfliehen und neue Energie tanken kann. Oder wie wäre es, eine Decke mitzubringen und sich auf der Wiese mit einem Picknick niederzulassen? Während man dort ist, bieten sich eine Wanderung oder eine Radtour entlang des Rheinufers an. Der Kran eignet sich auch als Zwischenstopp für eine Pause auf einer solchen Tour.

TIPP

Im Juli lockt das Kranfest mit Musik, Wein und Essensständen.

An manchen Tagen können Besucher das Innere des Bauwerks besichtigen. Ein Blick hinein lohnt sich! Bis 1926 war der Kran noch in Betrieb. Das quadratische Bauwerk verbirgt eine ausgeklügelte Technik, die bereits die Römer auf Baustellen nutzten. Zwei riesige Mühlräder wurden durch Kranknechte bewegt, die darin laufen mussten. Das wiederum bewegte die Ketten, die die Lasten hochhoben. Durch das Drehen des oberen Teils des Krans konnten die Lasten an Land oder auf ein Schiff verfrachtet werden. Vor allem Weinfässer und Baumstämme wurden in Oestrich verladen.

In der Nähe des Krans befinden sich viele hervorragende Weingüter. Es empfiehlt sich also, die umliegenden Weinberge zu erkunden und vielleicht sogar eine kleine Weinprobe in einem Weingut wahrzunehmen. Das nahe gelegene Weinprobierfass bietet sich ebenfalls an, um Rheingauweine zu verkosten. 14 Winzer wechseln sich mit dem Ausschank ihrer Weine ab.

- Oestricher Kran, Rheinallee 9, 65375 Oestrich-Winkel
- ÖPNV: Haltestelle Oestrich-Winkel Oestrich Friedensplatz

Urlaubsambiente

23 Im Naturbad Schwalbach am Taunus

Das Naturbad in Schwalbach ist einzigartig im Taunus und gilt als Musterbeispiel für den ökologischen Betrieb einer Freizeiteinrichtung. Das Besondere am Naturbad ist das Wasser. Anstatt mit chemischen Zusätzen wird es auf natürliche Weise gereinigt. Als biologischer Filter dient ein Feuchtgebiet, ein mit Röhrichtvegetation bestockter Sandbodenfilter von 1300 Quadratmetern. Dies verleiht dem Bad seinen ganz besonderen Charme und macht den Besuch zu einem nachhaltigen Erlebnis.

Auch die Gestaltung des Bades hat ein natürliches Flair und ist trotzdem modern. Dadurch entsteht eine entspannte Atmosphäre, in der man sich vollkommen erholen kann. Drei Wasserflächen bilden den Badebereich des Areals. Das Becken für Schwimmer verfügt über ein 1-Meter- und ein 3-Meter-Sprungbrett und Massagedüsen. Hier kann man seine Bahnen schwimmen. Das türkisgrünliche Wasser lädt zum Eintauchen ein, bei heißen Temperaturen eine willkommene Abkühlung. Schön weich ist das chlorfreie Wasser und gut für die Haut. Der Nichtschwimmerbereich hält als Attraktion eine Breitwellenrutsche und Schwalldusche bereit und liegt an einem großen Kiesstrand. Im separaten flachen Kinderbereich gibt es Spielgeräte für die kleinsten Besucher. Dort können sie sich unter einem Sonnensegel am Spielbach, der wasserspeienden Schlange, dem spritzendem Wal und den Sprudelsteinen nach Herzenslust mit dem nassen Element beschäftigen. Ein naturbelassener und mit Kieselsteinen gestalteter Eingang ins Becken, Holzstege und das Schilf sowie große und kleine Steinhaufen runden das Urlaubsambiente ab.

TIPP

Ein Spaziergang in der Waldparklandschaft des Arboretums Main-Taunus mit Hunderten Baumarten.

Zwischen den Wassererlebnissen bietet sich die große Liegewiese am Hang zum Entspannen an. Schattenplätze sind rar, dafür verleiht der Schwimmbadkiosk Sonnenschirme. Wenn das Wetter mal nicht sonnig ist, sorgen ein Spielplatz mit Sand und einem imposanten Spielschiff aus Holz sowie ein Beachvolleyballfeld, ein Bolzplatz und zwei Tischtennisplatten für Abwechslung.

- Naturbad, Wilhelm-Leuschner-Straße 23, 65824 Schwalbach am Taunus, Tel. (0 61 96) 9 53 67 95, www.schwalbach.de/Seiten/Naturbad.html
- ÖPNV: Haltestelle Schwalbach (Taunus) Friedrich-Ebert-Schule

Hier war Elvis baden

24

Am Hattsteinweiher in Usingen

Am Strand liegen, den warmen Sand genießen, in die Wipfel von Bäumen blicken und sich entspannen. Um das alles zu erleben, braucht man nicht unbedingt weit in den Urlaub zu fahren. Es ist wohl die kleinste Badestelle Hessens, doch so kostbar, weit und breit eine der wenigen. Mitten im Wald befindet sich der Naturbadesee Hattsteinweiher, gespeist aus einem Quellbach des Stockheimer Bachs. Hinfahren und sich sofort verlieben in diesen Glücksort! Durch einen kleinen Sandstrand entsteht das Feeling von Urlaub. Auf einer großen Liegewiese kann man sich von der Sonne beschienen seinen Träumen hingeben.

Zum Beispiel vom „königlichen" Besuch, der sich eines Augustnachmittages 1959 an diesem See blicken ließ: der King of Rock 'n' Roll Elvis Presley. Vielleicht erinnerte ihn der See an einen Badesee in der Nähe seiner Geburtsstadt Tupelo, Mississippi. Elvis war in Friedberg bei der US-Army stationiert und wohnte in Bad Nauheim. Mit zwei GI-Kumpels hat er den Nachmittag am See verbracht. Die weiblichen Fans schmolzen dahin und auch die jungen Männer waren von ihm beeindruckt. Natürlich fand er hier keine Ruhe vor seinen Fans, die auch sein Zuhause in Bad Nauheim umlagerten, und war schnell umringt von Verehrerinnen. Geduldig ließ er sich fotografieren. Bilder im Netz dokumentieren es. Augenzeugen halten die „Legende vom Hattsteinweiher" lebendig und berichten von der zurückhaltenden, freundlichen Art des Stars, der ohne Berührungsängste gewesen sei.

TIPP

Im Winter lockt der See zum Schlittschuhlaufen – wenn das Eis dick genug ist!

Rund um den See ist Natur pur in saftigem Grün zu erleben. Wanderwege führen in der Nähe entlang. Auf der Buchfinkenroute kann man eine Radtour mit einer Erfrischung im kühlen Nass des Badesees verbinden. Das Restaurant Neumann mit schöner Seeterrasse und einem Biergarten bietet gutbürgerliche Küche mit reichlichen Portionen an, unter anderem auch Fisch aus heimischen Gewässern. Seeblick inklusive. Das schmeckt Groß und Klein das ganze Jahr bei jedem Wetter.

- Hattsteinweiher, Am Hattsteinweiher, 61250 Usingen
- ÖPNV: Haltestelle Usingen Stadthalle, ca. 1,4 Kilometer Fußweg

Königliche Entspannung

25

Im Kur-Royal Day Spa in Bad Homburg

Willkommen in einer Welt voller Geschichte, Eleganz und Entspannung. Im Kaiser-Wilhelms-Bad in Bad Homburg beginnt die Verwöhnzeit an der Pforte. Den Alltag lässt man vor der Schiebetür hinter sich und gönnt sich eine Auszeit in dem exklusiven Wellnessbereich mit ansprechendem Ambiente, umsorgt von freundlichem Personal. Nun taucht man ein in eine Welt voller Luxus und Geschichte sowie in das wohltuende Wasser der Thermalbäder in edler und geschmackvoller Umgebung. Viele Möglichkeiten der Entspannung bieten sich hier. Angenehm beruhigend wirken die Dampfbäder. Eine schöne Atmosphäre hat die Sauna der Sinne neben wohltuender Wärme mit ihrer wechselnden Farblichttherapie und angenehmen Düften.

Natürliche Sole aus den Tiefen der Erde wird in der Solewelt genutzt. Die mit Salz angereicherte Luft, die am Gradierwerk ebenso wie in der Salzkristallgrotte inhaliert werden kann, ist eine Wohltat für die Atemwege. Im 30 bis 32 Grad warmen Sole-Bassin kann man so richtig loslassen. Der Geist darf anschließend im Salon Victoria entspannen, in dessen Mitte in einem kleinen Becken Wasser sprudelt, oder man begibt sich auf eine Traumreise bei sanfter Musik und visuellen Eindrücken. Einen erholsamen Tag am Strand imitiert das Sand-Licht-Bad. Bei schönem Wetter ist noch der Spa Garden ein Refugium an der frischen Luft. Spüren, wie sich Verspannungen lösen und der Geist zur Ruhe kommt, ist außerdem beim vielfältigen Massageangebot möglich, das von Profis angeboten wird, die ihr Handwerk verstehen – für Wellness wie auch für therapeutische Anwendungen. Kulinarische Köstlichkeiten werden in der Quellenbar serviert, die eine gesunde abwechslungsreiche Küche bietet und mit einer Vielzahl von Gerichten aufwartet. Die Küchenchefs verwenden nur frische Zutaten und das verzaubert die Geschmackssinne.

Die Magie vergangener Zeiten erlebt man nicht nur im Kaiser-Wilhelms-Bad, wo die Adligen sich verwöhnen ließen, sondern auch beim Spaziergang durch den Kurpark nebenan.

TIPP

Am besten eine verwöhnende Wellnessmassage gleich mitbuchen.

- Kur-Royal Day Spa im Kaiser-Wilhelms-Bad, 61348 Bad Homburg v. d. H., Tel. (0 61 72) 1 78 31 78, www.kur-royal.de
- ÖPNV: Haltestelle Bad Homburg v. d. H. Kaiser-Wilhelms-Bad

WILHELM
I
KAISER WILHELMS BAD
1887

Nutrias und Modellboote

26

Am Maasgrundweiher in Oberursel

Ein Insidertipp ist der Maasgrundweiher in Oberursel. Mit seiner stadtnahen Lage und seinem klaren Wasser bietet er eine Oase der Ruhe und Entspannung. Umgeben von grüner Natur einerseits und von herrschaftlichen Wohnhäusern und dem Blick auf die St.-Ursula-Kirche andererseits, lädt er zum Träumen ein. Hier kann man dem Alltag entfliehen. Besonders bei Familien ist der Maasgrundweiher beliebt. Der angrenzende Spielplatz bietet den Kindern zahlreiche Möglichkeiten, sich im Freien auszutoben. Auf den Bänken am Ufer des Weihers dagegen kann man ausspannen und die Aussicht genießen. Ob beim Spazierengehen, Joggen oder Radfahren – die Umgebung des Maasgrundweihers ist ein echter Ort der Erholung.

Eine Besonderheit des Maasgrundweihers sind die Tiere, die hier wohnen. Die Nutrias, die auch Biberratten oder Sumpfbiber genannt werden, stammen aus Südamerika und wurden Anfang des 20. Jahrhunderts, ursprünglich zur Pelzgewinnung, in Deutschland angesiedelt. Diese putzigen Nagetiere sind immer eine Attraktion und sorgen für viel Freude bei den Besuchern, wenn sie sich zeigen. Mit etwas Glück kann man sie im Wasser oder beim Sonnetanken am Ufer beobachten. Nutrias sind zutraulich und lassen sich oft aus der Nähe betrachten. Auch Nilgänse bewohnen das Teichgebiet. Die aus Afrika stammenden Gänse ziehen mit ihrem exotischen Aussehen mit ihren langen Beinen und dem rotbraunen Ring um die Augen die Blicke auf sich. Die männlichen Nilgänse pfeifen heiser, die Weibchen schnattern laut. Sie stolzieren desinteressiert an den Besuchern vorbei ins Wasser.

TIPP

Die Altstadt in Oberursel lockt mit zahlreichen kleinen Geschäften, Cafés und Restaurants.

Zu Pfingsten gibt es auf dem Weiher einiges zu sehen. Auf dem Wasser tummeln sich Boote jeglicher Art: Segelboote, Schlepper, Rettungsschiffe, Speedboote und Yachten, wenn die Schiffs-Modell-Gemeinschaft Oberursel zum „Internationalen Schaufahren ferngesteuerter Schiffsmodelle“ mit Modellbauern aus dem In- und Ausland lädt.

- Maasgrundweiher, Maasgrundweg, 61440 Oberursel (Taunus)
- ÖPNV: Haltestelle Oberursel (Taunus) Brüder-Winter-Straße

Waldbaden am Bachlauf

27 Auf dem Naturlehrpfad am Dombach Bad Camberg

Ein besonderes Naturerlebnis am Sonntagnachmittag! Parkt man am Friedhof in Schwickershausen, beginnt wenige Meter weiter der mit Holzpfeilen gut ausgeschilderte Naturlehrpfad im idyllischen Wald. Hier ist es so still, dass man über den Bäumen die Flügelschläge eines Raubvogels hören kann. Weiter geht es unter dem Blätterdach, der Dombach liegt hier noch weit unten am Hang. Es dauert eine Weile, bis die erste Lese- und Bildtafel mit Informationen zur Pflanzen- und Tierwelt auftaucht. Nach und nach werden die heimischen Bäume, die Bewohner des Waldes und des Baches vorgestellt. Ohne die Tafel wäre man an der altehrwürdigen Douglasie, die von unten unbemerkt in die Höhe ragt, glatt vorbeigegangen. So lässt sich die Natur in ihrer Vielfalt erfahren. Die 2,8 Kilometer des Rundwegs sind leicht zu bewältigen. Eine schöne Strecke, die durch die abwechslungsreiche Landschaft des Laubmischwaldes führt. Farne wachsen verwunschen am Wegesrand. Von Zeit zu Zeit beäugen in Baumstämme geschnitzte Waldgeister neugierig und keck die Spaziergänger. Nach dem erholsamen Waldbad geht es bergab und man erreicht den Bachlauf, der versteckt hinter Büschen und Bäumen mit seinem leisen Gluckern und Plätschern der Begleiter für die zweite Hälfte des Wegs ist. Ein Bach ist ein faszinierendes Biotop mit einer Vielfalt an Pflanzen und Tieren. Typisch vorkommende Arten werden auf einer großen Informationstafel vorgestellt. Wo Fische sich wohlfühlen, klärt sie auf, sind meist auch Vögel anzutreffen und die Libelle ist ein Symbol für ein intaktes Fließgewässer. Der Bach ist an einigen Stellen gut zugänglich, sodass man an warmen Tagen darin die Füße kühlen kann.

Der Pfad endet an einer imposanten Mariengrotte unterhalb der auf einem Felsen errichteten Wallfahrtskirche St. Georg. „Ave, Maria, gratia plena“, „Gegrüßet seist du, Maria, voll der Gnade“, steht über Blumengaben und brennenden Kerzen. Die Grotte ist der Grotte von Lourdes nachempfunden. Jedes Jahr im Mai findet eine Lichterprozession dorthin statt.

TIPP

Nach dem Spaziergang zur Belohnung ein Eis vom Eis Paradies in der Limburger Straße 161 in Erbach.

- Naturlehrpfad am Dombach, Start z. B. am Friedhof Schwickershausen, Heiligenwaldstraße 2, 65520 Bad Camberg
- ÖPNV: Haltestelle Bad Camberg-Schwickershausen Ortsmitte

Baum des Jahres 2003

Stille der Natur

28 Am Bach in Oberreifenberg

In dem kleinen Örtchen Oberreifenberg schlängelt sich am Pechberg ein kleines, unscheinbares Bächlein durch die idyllische Landschaft. Sanft fließt es dahin, als würde es die Zeit anhalten und so die Hektik des Alltags vergessen lassen. Dieser Bach ist ein wahrer Ort der Harmonie und Ruhe, an dem man dem Trubel der Stadt entfliehen kann. Im Winterschnee hört man das Lachen der Kinder, die den Hang am Pechberg hinuntersausen. Nähert man sich dem Bach im Frühling, Sommer oder Herbst hört man nur noch die Geräusche der Natur. Erst wenn man ganz nah am Bach ist, vernimmt man ein leises Plätschern, das beruhigend auf die Sinne wirkt. Das klare Wasser fließt über glatte Steine und bildet vereinzelt kleine Wasserfälle, die ein leises Rauschen erzeugen. Es ist ein Genuss, diesem Naturkonzert zu lauschen und dabei alle sorgenvollen Gedanken abzuschütteln. Fröhlich zwitschern die Vögel in den umliegenden Bäumen und stimmen perfekt in das natürliche Orchester ein. Steine glitzern unter der Wasseroberfläche, jemand hat eine Brücke aus Baumstämmen gelegt. Darüber der blaue Himmel mit ein paar weißen Wölkchen. In der Nähe verläuft der Sängelbergrundweg, auf dem sich die Schönheit des Taunus in vollen Zügen entfaltet: Etwas weiter auf dem Weg liegt ein Teich, der Heckenrainweiher. Hier sollte man einen Moment verweilen und die Stille genießen. Die Sonne scheint durch das dichte Blätterdach der umstehenden Bäume und zaubert ein sanftes Lichtspiel auf die Wasseroberfläche.

TIPP

Auf dem Feldberg die Aussicht vom Brunhildisfelsen genießen und auf einen Kaffee ins Feldberghaus.

Am Rodelhang Pechberg biegt man auf dem Kellerbornsweg beim Wegweiser zum Sängelbergrundweg links in die Landschaft. Nach wenigen Hundert Metern geht es hinunter zum Bach, der nur über einen Trampelpfad zu erreichen ist. Natürlich ist es auch möglich, quer von der Siegfriedstraße über den Rodelhang mit herrlichen Ausblicken in die unberührte Natur hinunter zum Bach zu spazieren. Dieser Glücksort eignet sich für eine Hunderunde ebenso wie für ein Picknick.

- Bach am Pechberg, Siegfriedstraße 67, 61389 Schmitten im Taunus
- ÖPNV: Haltestelle Schmitten-Oberreifenberg Siegfriedsiedlung

Quellfrisch mit Flair

29

Im Thermalfreibad Schlangenbad

Ein zauberhafter Ort, um die heilende Wirkung von Thermalwasser zu genießen, ist im Kurort Schlangenbad zu finden. Traumhaft am Waldrand gelegen, fügt sich das Thermalfreibad harmonisch in die Natur des Taunus und bietet eine Vielzahl von Möglichkeiten, Körper und Geist zu verwöhnen. Herzstück des Bades ist das warme Thermalwasser aus einer natürlichen Quelle. Das samtweiche Nass hat eine Temperatur von 24 bis 26 Grad Celsius. Das ist genau die Wassertemperatur, die der Mensch als angenehm empfindet und die auch die körperliche Leistungsfähigkeit erhöht. Das kieselsäurereiche Wasser übt eine heilende Wirkung bei verschiedenen Beschwerden wie Rheuma, Gelenk- und Muskelproblemen aus. Die Massagedüsen im Sprudelbecken entspannen zudem die Muskeln. Jeden Abend wird das Wasser im Thermalfreibad Schlangenbad gemäß einer 90 Jahre währenden Tradition komplett abgelassen und die Becken am nächsten Tag neu befüllt. Das garantiert eine optimale Wasserqualität.

TIPP

Hausgemachte Kuchen in einem wunderschönen Café mit Geschenkartikeln: Der kleine Kuchenladen.

Es gibt ein großes Hauptbecken zum Schwimmen und ein separates Kinderbecken auf zwei Ebenen mit einer Rutsche. Hier können die Kleinen nach Herzenslust planschen und sich erfrischen. Auf den großzügigen Liegewiesen findet jeder seinen Platz zum Ausruhen in der guten Taunusluft. Dazu versetzt einen das schöne Gebäude mit den Fensterläden und den alten Säulengängen sofort in Urlaubsstimmung. Im gesamten Bad herrscht eine angenehme Atmosphäre. Wenn man früh genug da ist, lässt sich sogar eine Liege mit Sonnenschirm ergattern.

Die Krönung der Verwöhnzeit ist das nebenan gelegene Saunahaus. In einem großen Holzblockhaus aus Keloholz darf man in drei verschiedenen Saunen schwitzen und sich anschließend im Tauchbecken draußen abkühlen. Auch ein Whirlpool lädt zur Entspannung ein. Der Ruhebereich macht mit seiner schönen Aussicht das Wellnessglückserlebnis vollkommen. Im Bistro-Restaurant mit Terrasse sind die marktfrischen Salatvariationen und Regionales sowie das Eis der Hit.

- Thermalfreibad, Nassauer Allee 1, 65388 Schlangenbad, Tel. (0 61 29) 20 64 www.schlangenbad27grad.de
- ÖPNV: Haltestelle Schlangenbad Landgrafenplatz, ca. 500 Meter Fußweg

Auszeit mit Hafencharme

30

Im CARGO Beach in Limburg

Ein Ort, der an sonnigen Tagen zum Verweilen einlädt: Zwischen dem Wehrturm der alten Lahnbrücke aus dem 14. Jahrhundert und der Lahn befindet sich in Limburg der CARGO Beachclub. Etwas erhöht über dem Fluss gelegen, eröffnet er von dort schöne Ausblicke. Dank einer Staustufe darf hier die Seele beim durchgängigen Rauschen der Lahn baumeln. Bequem niederlassen kann man sich auf der Lahnterrasse mit Blick auf das Wasser. Im Strandbereich schmeichelt der Sand den Füßen, holzbeplankte Wege führen zu Sitzgelegenheiten am Tisch oder man sitzt auf Deckchairs und Bänken, teils mit Sonnenschirmen überdacht. Alle lieben den Strand, vor allem Kinder, die im Sand buddeln. Der älteren Generation und jungen Leuten bietet die Location eine außergewöhnliche Ausgehmöglichkeit. Fast wie am Meer lassen sich hier schöne Stunden verbringen. Der CARGO Beachclub ist schon etwas Besonderes.

Geführt wird der Club von zwei Schwestern aus Hamburg, die hier in Hessen in ihrer Strandbar mit maritimen Ambiente Urlaub vom Alltag bieten – mit entspannten Beats und viel Herz. Die Getränke werden am massiven Eichentresen eines umgebauten Schiffscontainers bestellt. Eine große Cocktailauswahl und auch ein herbes nordisches Jever erwarten die Gäste. Die Kombüse zaubert Snacks für den kleinen und großen Hunger, unter anderem Flammkuchen. Die Inhaberinnen achten darauf, dass die Speisen saisonal und regional sind. Hier kann jeder im schönen Ambiente mit Lahnblick chillen oder mit Freunden feiern. Spätestens um 22 Uhr, wenn das Rausschmeißerlied „In Hamburg sagt man Tschüss, das heißt auf Wiedersehen“ läuft, ist die Auszeit vorbei. Ein schöner Ort, um den Nachmittag zu verbringen oder den Abend mit Apéro und Cocktails einzuläuten.

In der Weihnachtszeit verwandelt sich der Beachlub unter dem Motto „Weihnachten am Strand“ in einen kleinen Weihnachtsmarkt: weihnachtliche Dekoration, geschmückte Tannenbäume, Glühwein und Flammkuchen am Lagerfeuer, dazu stimmungsvolle Musik.

TIPP

Ein Spaziergang am Inselweg über die Halbinsel eröffnet schöne Blicke über die Lahn zum Dom.

- CARGO Beachclub, Inselweg 1 a, Am alten Brückenturm, 65549 Limburg an der Lahn, www.cargobeach.de
- ÖPNV: Haltestelle Limburg (Lahn) Schleusenweg

SCAVI &
SALITOS

Inmitten der Natur

31 Am Grünwiesenweiher in Neu-Anspach

Der Grünwiesenweiher ist ein herrlicher Ort zum Spazierengehen und ein schönes Ausflugsziel, wenn man Ruhe und Erholung sucht. Es handelt sich um eines der wenigen größeren Gewässer im Taunus. Im 18. Jahrhundert wurde es als Wasserreservoir für Mühlen und als Fischteich angelegt. In den 1940er- und 50er-Jahren trafen sich die Menschen hier noch zum Baden, damals gab es auch einen Badesteg und eine Grillhütte. Heute steht der Weiher unter Naturschutz: Baden ist verboten, Sonnenbaden ist erlaubt. Ein paar Bänke unterm Blätterdach laden zu einem Picknick oder einer kleinen Rast ein. Im See spiegeln sich die Bäume des Waldes und der Himmel. Nur die Geräusche der Natur sind zu hören, Vögel zwitschern, Entenfamilien ziehen ihre Bahnen und mit etwas Glück kann man einen Biber entdecken. Auch Rehe lassen sich manchmal blicken. Die schöne Runde um den See gehen viele Hundebesitzer mit ihren Vierbeinern. Kinder lieben es sehr, Steinchen in den Grünwiesenweiher zu werfen, dem Platschgeräusch zu lauschen und zu beobachten, wie die Kreise sich ausbreiten.

TIPP
Badevergnügen im Grünen bietet das ruhig am Waldrand gelegene Waldschwimmbad Neu-Anspach.

Am Grünwiesenweiher kann man zu jeder Jahreszeit Urlaub vom Alltag machen, sich im Herbst am Farbenspiel der Blätter erfreuen, im Frühling die aufblühende Natur bewundern und im Sommer die spiegelnde Wasserfläche kontemplativ genießen. Im Winter friert der Weiher manchmal zu und bietet ein besonders schönes Bild. Ein Glückserlebnis für Naturliebhaber ist der Grünwiesenweiher in Neu-Anspach immer.

Im Sommer treffen sich auf der Wiese Sonnenbadende und es werden Picknicks veranstaltet. Der Grünwiesenweiher kann auch als Startpunkt für eine kleine Wanderung genutzt werden. Einige Wander- und auch Radwege führen am Weiher vorbei. Praktischerweise befindet sich ein Parkplatz direkt am Weiher.

- Grünwiesenweiher, 61267 Neu-Anspach
- ÖPNV: Haltestelle Neu-Anspach-Hausen-Arnsbach Am Dorfbrunnen, ca. 1,5 Kilometer Fußweg

Einladung zur Sommerfrische

32 Im Freibad Königstein im Woogtal

Mitten im Grünen des Woogtals liegt das Freibad Königstein. Die 100 Jahre alte Badeanstalt hat den Charme eines Strandbades der 1920er-Jahre nicht verloren. Davon zeugen die Holzumkleiden mit ihrem nostalgischen Flair. Der Rest des Freibades ist modern, einschließlich der Technik. Mit schmucker Blumenbepflanzung, viel Natur und ausreichend Platz lädt das ruhige Freibad zur „aktiven Entspannung" ein. Manche Königsteiner gehen schon seit ihrer Kindheit in ihr Lieblingsbad mit der familiären Atmosphäre und dem freundlichen Personal. Am Waldrand gelegen ist es in der Hitze des Sommers angenehm kühl, die Wassertemperatur jedoch warm.

Es stehen zwei Becken im Freibad zur Verfügung. Das recht große Nichtschwimmerbecken ist als Highlight für die Kinder mit einer kleinen Rutsche und Wasserstrahlern ausgestattet. Für Schwimmer gibt es ein separates Becken, in dem man seine Bahnen ziehen kann. Ein Sprungturm sorgt für Nervenkitzel. Die ganz kleinen Wasserratten planschen nach Herzenslust im Babybecken, das nachmittags im Schatten liegt. Rund um das Wasser gibt es viele Bänke zum Niederlassen. Ruhig und erholsam geht es auf der großen saftig grünen Liegewiese mit Schatten spendendem Baumbestand zu. Der Kiosk in der Holzhütte ist genau der richtige Ort, wenn sich Hunger und Durst nach der sportlichen Betätigung einstellt. Am Fenster bekommt man leckere Speisen und Getränke, Süßigkeiten und Eis. Schöne Sitzgelegenheiten auf der Terrasse an der Liegewiese laden zur Einkehr ein. Es sind reichlich kostenlose Parkplätze vorhanden und das Freibad hat eine eigene Bushaltestelle. Frühaufsteher – das Bad ist ab 7 Uhr morgens geöffnet – können im großen Becken die Sonne über dem Burghain aufgehen sehen.

Eine erste Initiative zum Bau des Freibades gab es schon Ende des 19. Jahrhunderts. Realisiert werden konnte es Jahre später durch eine Spende von Lili Mannheimer aus Amsterdam – als Dank für eine erfolgreiche Kur. Übrigens verfügt Königstein auch über das Kurbad mit Sauna in der Le-Cannet-Rocheville-Straße.

TIPP

Den Kurpark in Königstein besuchen und im Café-Restaurant Villa Borgnis einkehren.

- Freibad Königstein, Forellenweg 31, 61462 Königstein im Taunus, Tel. (0 61 74) 46 20, www.koenigstein.de/leben-wohnen/freibad
- ÖPNV: Haltestelle Königstein (Taunus) Freibad oder Grüner Weg

Sagenumwobener Felsen

33 An der Loreley

Ohne Frage ist der Loreleyfelsen der bekannteste Felsen des Taunus. Der Schieferfelsen, der sich bei St. Goarshausen majestätisch über dem Rhein in die Höhe erhebt, ist der Inbegriff der Rheinromantik und ein Sinnbild der weiblichen Anziehungskraft auf Männer. Der imposante Anblick des Gesteins und die dort vorhandenen Stromschnellen machten ihn zum Thema von Sagen. Er soll der Legende nach von einer Nixe bewohnt sein, die beim Kämmen ihrer Haare mit ihrem lieblichen Gesang und ihrer Schönheit die Seeleute ablenkte. Ihre Schiffe kamen in gefährliche Strudel, zerschellten am Felsen und versanken im Rhein. Eine geheimnisvolle Aura ist tatsächlich spürbar, wenn man oben auf dem Felsen auf der Aussichtsplattform steht, den Blick über die atemberaubende Landschaft schweifen lässt und dabei den Wind in den Haaren fühlt. Unten schlängelt sich der Rhein malerisch durch das Tal, umgeben von grünen Hügeln und sanften Weinbergen. Die Sonne taucht die Region in ein goldenes Licht, das den Ort noch geheimnisvoller erscheinen lässt. Schiffe, Züge und Autos zwängen sich unten durch die Enge. Darüber fühlt man sich auf der Höhe und der erlebten Weite erhaben. Die schöne Loreley wohnt noch heute am Felsen – als Statue. Eine steht auf der Felsspitze und eine auf der Hafendamm-Mole bei St. Goarshausen.

TIPP
Auf der Sommerrodelbahn Loreley-Bob allein oder zu zweit zu Tal sausen.

Im Bistro Am Mythischen Fels lassen sich auf der Außenterrasse regionale Speisen genießen. Das Besucherzentrum Loreley auf dem Plateau informiert über die Region Oberes Mittelrheintal, den Weinbau im Taunus, die Rheinschifffahrt und den Mythos rund um die Loreley. Der Loreleyfelsen mit seiner Freilichtbühne ist auch ein beliebter Ort für Konzerte. Wenn die Sonne langsam untergeht und der Himmel in warmen Farben erstrahlt, füllt sich der Felsen mit Musik und Gesang. Es ist ein magischer Moment, wenn die Klänge sich mit der Natur vereinen und eine einzigartige Atmosphäre schaffen. Ein Ausflug auf den Loreleyfelsen ist immer ein wunderschönes Erlebnis, das die Sinne verzaubert.

- Loreleyfelsen, 56346 St. Goarshausen
- Besucherzentrum Loreley, Auf der Loreley 7, 56348 Bornich, Tel. (0 67 71) 59 90 93 www.loreley-touristik.de
- ÖPNV: Haltestelle Bornich Loreley Besucherzentrum

Schwerelos glücklich

34 Im Schwebebad in Oberursel

Eine Oase der außergewöhnlichen Art befindet sich mitten in der Altstadt von Oberursel in der Strackgasse: ein Schwebebad. In einer riesigen Badewanne in einem abschließbaren Raum mit Wellnessdusche kann man allein oder auch zu zweit das Wohlfühlerlebnis Floating genießen. Farbwechselndes Schummerlicht sorgt für eine entspannte Atmosphäre. Das Wasser ist nur 30 Zentimeter tief, doch ausreichend, um auf dem Wasser – ja, tatsächlich – zu schweben. Ähnlich dem des Toten Meeres verfügt es über einen hohen Salzgehalt, der den Schwebeeffekt bewirkt. Ein weiterer Effekt ist: Man fühlt sich jünger und die Haut wird gleichzeitig gepflegt.

Ins warme Wasser gestiegen, den Kopf in den Nacken gelegt und die Ohren unter Wasser, so bahnt sich die Entspannungsmusik unter Wasser ihren Weg ins Gehirn, das bald in den Alpha-Zustand versetzt wird. Entspannung pur stellt sich ein, das Körperliche wird verlassen. Das Wasser ist auf Hauttemperatur geheizt und so fühlt es sich weder heiß noch kalt an. Die eigenen Körpergrenzen scheinen dadurch zu verschwimmen, gleichzeitig trägt der hohe Anteil an Salz und hautfreundlichem Magnesiumsulfat den Körper, sodass er frei im Wasser schwebt, schwerelos, wie es im Weltall sein muss. Eine wohltuende Leichtigkeit stellt sich ein, alle Sorgen und Verspannungen werden losgelassen, der Kopf wird frei. Es ist ein Moment der Vollkommenheit, in dem Körper und Geist im Hier und Jetzt im Einklang sind.

TIPP

Es werden auch Massagen angeboten und angegliedert ist eine höhlenartige Salzlounge mit Himalaya Salz.

Tatsächlich stammt das Prinzip des Schwebebades aus der Weltraumforschung und wurde für den Wellnessbereich entdeckt. In den 1950er-Jahren beauftragte die NASA den Hirnforscher John C. Lilly, die Aktivität des Gehirns zu untersuchen, wenn es wie im Weltraum keine Außenreize erhält. Er simulierte die Schwerelosigkeit im All in Wassertanks mit konzentriertem Salzwasser, an die Lufttemperatur angeglichen, und fand heraus, dass so das Gehirn in einen besonderen Zustand zwischen Wachen und Schlafen, ähnlich einer Trance, gerät.

- Schwebebad Oberursel, Strackgasse 17, 61440 Oberursel (Taunus), Tel. (0 61 71) 2 01 13 57, www.schwebebad-oberursel.de
- ÖPNV: Haltestelle Oberursel (Taunus) Marktplatz

Blick auf die Skyline

35

Im Waldschwimmbad Kronberg

Ein idealer Ort, um sich im Sommer im herrlichen Taunusklima zu erholen, ist das wunderschön gelegene Freibad der Stadt Kronberg. Am Waldrand auf einer Anhöhe bietet es von der großen Liegewiese eine spektakuläre Aussicht auf die Metropole Frankfurt mit ihrer Skyline. Durch die Hanglage weht meist ein angenehmes Lüftchen über die Wiese. Diese natürliche Umgebung verleiht dem Bad eine ganz besondere Atmosphäre und lädt die Besucher dazu ein, sich inmitten der Natur zu entspannen und neue Kraft zu sammeln. Die Becken werden mit frischem Quellwasser aus dem Bürgelstollen gespeist, das eine hohe Qualität aufweist und durch eine Solaranlage angenehm temperiert wird. Dadurch wird das Schwimmen zu einem wahren Genuss und vollkommener Erfrischung an heißen Tagen. Für Menschen, die ungestört schwimmen möchten, ist das 50 Meter lange Hauptbecken ideal, wo 1- und 3-Meter-Sprungbretter für Abwechslung sorgen. Alle anderen treffen sich im Fun-Becken mit einer Rutsche, auf der man in Kurven 50 Meter lang ins Nass gleitet. Weitere Annehmlichkeiten wie ein Strömungskanal, ein Bodensprudler, eine Rückenschwalldusche, eine Wasserkanone und Wassermassagedüsen sorgen für Verwöhnpausen. Ein kombiniertes Beachvolleyball- und Beachsoccerfeld für die Sportlichen machen das Angebot vollkommen.

TIPP

Besichtigung der Burg Kronberg aus dem 12. Jahrhundert, die über dem Luftkurort thront.

Unter der Woche trifft man hier fast ausschließlich Eltern mit Kindern und Senioren an. Sich auf den am Becken vorhandenen Liegetreppen zu sonnen, ist Seelennahrung. Den Mutter-Kind-Bereich mit Planschbecken auf zwei Ebenen und auch den Spielplatz an Land schätzen die Kleinsten, die bis 5 Jahre freien Eintritt haben. Schwimmbadsnacks zur Stärkung bietet die Gaststätte Zum Waldschwimmbad. Die Sommermonate lassen sich an diesem Glücksort in vollen Zügen genießen! Auf der anderen Seite der Landstraße geht es im Schlosshotel Kronberg mondän zu, zum Beispiel beim English Afternoon Tea. Der Cottage Biergarten im Schlosspark lockt mit Frischem vom Grill und Eisgekühltem. Manchmal finden hier auch Konzerte statt.

- Waldschwimmbad, Am Waldschwimmbad 1, 61476 Kronberg im Taunus, Tel. (0 61 73) 99 68 60, www.kronberg-waldschwimmbad.de
- ÖPNV: Haltestelle Kronberg (Taunus) Waldschwimmbad

Schönwässerchen

36 Um den Waldsee im Theißtal von Niedernhausen

Ein schöner See im Wald, eine Lumpenmühle und eine Sage. All das ist auf einem Spaziergang durch das Theißtal von Niedernhausen zu erleben. Ein Stück unberührte Natur begegnet einem hier im Mischwald. Der vom Theißbach gespeiste, naturbelassene See ist das Vereinsgewässer des Angelsportvereins Niedernhausen. Wenig direkte Ufervegetation versperrt bei einem Spaziergang den Blick auf den 1 Hektar großen See. Sitzbänke am Ufer laden zum Verweilen ein. Hier im Naturschutzgebiet kann man viele Insekten und Tiere beobachten, beispielsweise die Blauflügel-Prachtlibelle, die seltene Wasseramsel oder den Eisvogel.

Eine Parkmöglichkeit besteht an der Grillhütte Jakobipark Königshofen in Niedernhausen, nach 650 Metern erreicht man den Angelteich. Auf dem Weg zum See passiert man den früheren Standort der Lumpenmühle, die heute allerdings nicht mehr existiert. Mitte des 19. Jahrhunderts wurde auf der Herrenwiese eine Papiermühle errichtet, aus Altpapier und Holzschliff wurden Pappendeckel hergestellt. In den Altpapiersäcken wurden auch alte Kleidungsstücke entsorgt und so kamen Königshofener Hausfrauen und Kinder, um heimlich nach noch brauchbarer Kleidung zu suchen. Daher stammt der Name. Heute erinnern nur noch Ruinen an die einstige Mühle. Wegen Wassermangels musste die Mühle Anfang des 20. Jahrhunderts schließen, da das Quellwasser der Umgebung für die Trinkwasserversorgung der Stadt Wiesbaden gefasst wurde. Eine der Quellen war das „Schönwässerchen“, die, durch eine Wanderung zu erreichen, circa 1 Kilometer weiter entfernt liegt. Dort steht heute ein Hochwasserbehälter.

Um das Wasser dieser Quelle rankt sich eine Sage. Eine Holztafel erinnert: „Schönwässerchen tritt hier zu Tag, erquickt und labt von Plag! Schönwässerchen ward es genannt, als Schäfer David kam ins Land.“ Täglich tranken der Schäfer und auch seine Schafe aus der Quelle. So bemerkte er die heilende Wirkung des Wassers.

TIPP

Bei einer Besichtigung der Burg Eppstein die grandiose Aussicht genießen.

- Waldsee im Theißtal, 65527 Niedernhausen
- ÖPNV: Haltestelle Niedernhausen-Königshofen Pulvermühle, ca. 1,5 Kilometer Fußweg

Meeresbrise

37 Im Inhalatorium am Gradierbau in Bad Nauheim

Mitten in Hessen Meeresluft schnuppern? Das Inhalatorium in Bad Nauheim macht es möglich. Tief durchatmen ist angesagt. Die gesundheitsfördernde Wirkung von Meeresluft, insbesondere bei Atemwegserkrankungen, ist allgemein bekannt. Das Inhalatorium befindet sich am Gradierbau I. Hier betritt man eine Kammer und nimmt auf einer Bank Platz. Die angenehm beruhigende Wirkung der Luft ist sofort spürbar, eine wohltuende Atempause, wenn die feinen Salzkristalle, die Aerosole, bis in die feinsten Verästelungen der Bronchien gelangen. Denn durch einen Kompressor wird die Sole vernebelt. Hinzu kommen stimmungsvolle Lichteffekte.

Doch auch an den Schwarzdornriesen in Bad Nauheim, den sogenannten Gradierbauten, ist die wohltuende Wirkung auf die Atemwege schon an der frischen Luft zu bemerken. In den Gradierbauten aus dem 18. Jahrhundert wurde früher Salz gewonnen. Das salzhaltige Wasser (Sole) aus der Quelle wird auf die Gradierwerke gepumpt. Dort rieselt das Quellwasser langsam die 10 Meter hohen Schwarzdornwände hinunter. Durch Wind und Sonne verdunstet das Wasser und reichert sich mit Salzkristallen an. Die feinen Tröpfchen werden wie eine frische Meeresbrise empfunden. Am besten nimmt man sich viel Zeit und genießt die Ruhe an der Rieselwand. Auf der Liegewiese im Gesundheitsgarten hinter dem Inhalatorium stehen Strandkörbe, Liegen und Stühle zur Verfügung. So kann die gute Luft ihre Wirkung voll entfalten. Mit etwas Glück erscheinen kleine Regenbögen im Sonnenlicht. Ein wunderbar stiller Ort zum Entspannen unter uralten Bäumen. Im Garten befindet sich auch ein Kneippbecken für Arme und Beine. Auf dem Barfußpfad rund um das Becken wärmen die sonnenbeschienenen Steine die Füße nach dem Wassertreten wieder auf. Ein Besuch hier ist Erholung, wie ein glücklicher Urlaubstag am Meer.

TIPP

Auf den Spuren von Elvis Presley: Elvis-Presley-Haus, Usa-Brücke mit Elvisstatue und Elvis Bank.

- Inhalatorium am Gradierbau I, Zanderstraße 3, 61231 Bad Nauheim
- ÖPNV: Haltestelle Bad Nauheim Am Solgraben

Gräfliche Parklandschaft

38 Kleiner Tannenwald in Bad Homburg

Der Gartenliebhaberin Landgräfin Elisabeth, genannt Eliza, einer englischen Königstochter, haben wir dieses Kleinod zu verdanken. Sie verwirklichte sich im Kleinen Tannenwald mit einem Parkjuwel. Ein Blickfang darin ist der Teich mit einer Kolonnade auf einem Inselchen, das über eine weiß gestrichene Holzbrücke zu erreichen ist. Ein perfekter Ort für unvergessliche Momente mit dem Lieblingsmenschen. Hier schlenderten schon früher Verliebte durch eine gepflegte und gartenarchitektonisch fantastisch gestaltete Parklandschaft mit regelmäßig geformten Blumenbeeten, einem Laubengang am Parkeingang und gewundenen Wegen. Immer ist es sehr ruhig in dem kleinen Park in Bad Homburgs gehobener Wohngegend. Grüne romantische Metallbänke laden zum Innehalten ein. Im Sommer hört man die Frösche quaken. Seerosen, Fische, Libellen, Enten und Nilgänse bewohnen den Teich. Mit dem Blick auf den Pavillon, in dem gelegentlich Hochzeitsfotos gemacht werden, kann man frische Kraft sammeln.

TIPP

Bei einem Abstecher zur Baumschule Peselmann Träume für den eigenen Garten wahr machen.

Einige Informationstafeln erzählen die Geschichte des Parks. Landgräfin Elisabeth ließ nach englischem Vorbild eine kleine Musterfarm, Ornamental Farm, inklusive eines kleinen Cottages und einer Meierei für die Milchwirtschaft anlegen. Beide Gebäude werden restauriert und nach historischem Vorbild wieder aufgebaut. Die Schweizerei war der rustikale Rückzugsort der Gräfin, ihr Cottage, wo sie las und malte oder Gäste zum Tee empfing. Nach ihrem Tod konnten Kurgäste sich hier an Erfrischungen laben. Heute ist in dem Gebäude ein Informationszentrum, das mittwochs am Nachmittag geöffnet ist. Auch der Eiskeller, eine gemauerte Grube unter der Erde, kann besichtigt werden.

Der Teich wurde früher vielfältig genutzt: als Fischteich, man schwamm darin oder stieg in Bötchen. Im Winter fuhr man auf dem gefrorenem Eis Schlittschuh, bis das Eis so dick war, dass es in Blöcke gestochen und in den durch Bäume vor der Sonnenwärme geschützten Eiskeller gebracht wurde, um die Lebensmittel der Landgrafen zu kühlen.

- Kleiner Tannenwald, Mariannenweg, 61348 Bad Homburg v. d. H.
- ÖPNV: Haltestelle Bad Homburg v. d. H. Kreuzallee oder Mariannenweg

Erholung am Wasser

39 Mußestunden am Beuerbacher See

Am Wasser sitzen, auf eine spiegelglatte smaragdgrüne Wasseroberfläche blicken und Wasservögel beobachten – das löst Glückshormone aus, und das kann man am Beuerbacher See in Hünstetten erleben, der auch Beuerbacher Erholungssee oder Schornbach-Stauweiher genannt wird. Eigentlich gab es hier wie so oft im Taunus gar kein Wasser. Es war eine mutige Idee von Egon Alberti, damaliges Mitglied des Gemeindevorstandes, Anfang der 1980er-Jahre im Tal zwischen Wallrabenstein, Beuerbach und Bechtheim einen künstlichen Stausee anzulegen. Das Wasser kommt aus dem Schornbach und dem Klingelbach. Baden und Bootfahren sind auf dem Angelsee nicht erlaubt. Der See eignet sich aber vorzüglich zum Entspannen und Verweilen am Wasser, zahlreiche Sitzgelegenheiten und auch Picknicktische laden in der Sonne oder auch im Schatten dazu ein. Es gibt eine Schutzhütte und Informationstafeln über die Bäume und das Leben am und im Teich.
Parkplätze befinden sich auf beiden Seiten der Landstraße und man kann in eindrucksvoller Natur gut um den See spazieren. Der flache Rundweg vom Parkplatz entlang des Seeufers ist auch für Kinderwagen oder Rollstühle geeignet. Der See und seine Umgebung trumpfen durch eine vielfältige Fauna und Flora auf. Ein Graureiher auf der Jagd steht still im Wasser. Auch Sumpfmeise, Mäusebussard, Buchfink, Nilgans, Bachstelze, Stockente, Kohlmeise, Amsel und Ringeltaube sind am See zu beobachten. Dazu gesellen sich Amphibien wie die Erdkröte und der Springfrosch. Karpfen, Forelle, Hecht, Zander und Aale haben ihre Heimat im See.
Wer noch weiter wandern möchte, dem sei der Waldlehrpfad Beuerbacher See empfohlen, ein rund 5 Kilometer langer Rundweg, der in das landschaftlich reizvolle Schornbachtal führt. Der Angelsportverein ASV Beuerbach, der den See als Angelgewässer nutzt und diesen hegt und pflegt, lädt übrigens traditionell am Silvestermorgen an der Schutzhütte zum Silvesterräuchern ein. Ebenso werden an Karfreitag Forellen geräuchert.

TIPP
Weihnachtsbäume selbst fällen in Walters Wald (Am Bruchberg), danach gibt es Glühwein und Bratwurst.

- Beuerbacher See, zwischen Beuerbach und Wallrabenstein, 65510 Hünstetten
- ÖPNV: Haltestelle Hünstetten-Beuerbach Kirche, ca. 800 Meter Fußweg

Nostalgische Überfahrt

40

Auf dem Rollschiff Weilburg

Eine Fahrt mit dem Rollschiff in Weilburg ist ein einzigartiges Erlebnis. Das Rollschiff ist eine historische Fährverbindung, die Passagiere seit 1691 von einem Ufer zum anderen transportiert. Der Fährmann zieht das Schiff von Hand an dem über die Lahn gespannten Drahtseil. Zur damaligen Zeit diente das Rollschiff dem Transport von Personen und Tieren. Heute transportiert es Wanderer, Radwanderer und Touristen in einem erst 70 Jahre alten Schiff.

Die Fahrt beginnt an der Anlegestelle im Grünen, wo das Rollschiff mit seinem nostalgischen Flair wartet. Sobald man an Bord geht, wird man von einem freundlichen „Kapitän" begrüßt, der einem einen Platz auf dem Deck zuweist. Sind alle Passagiere an Bord, setzt sich das Rollschiff durch Muskelkraft langsam in Bewegung. Es gleitet sanft über das Wasser und man spürt, wie sich das Schiff langsam vom Ufer entfernt. Während der Fahrt hat man einen wunderbaren Blick auf die beschauliche Landschaft entlang des Flusses Lahn.

Man kann sich zurücklehnen, die frische Luft genießen. Es ist ein besonderes Gefühl, auf dem Wasser zu schweben und die Umgebung aus einer neuen Perspektive zu betrachten, die Schönheit der Flusslandschaft auf sich wirken zu lassen. Aber nicht lang. Nach einer kurzen Fahrt erreicht das Rollschiff schon das andere Ufer. Dort angekommen, kann man die Umgebung weiter an Land erkunden. Ein Spaziergang am Lahnufer ist auf beiden Seiten möglich. Das Rollschiff verbindet an der Anlegestelle „Im Bangert" die Altstadt von Weilburg mit der Westerwaldseite. Dort liegt die Anlegestelle in der Nähe des Jugendzeltplatzes Hauseley. An Wochenenden und an Feiertagen in den Saisonmonaten (etwa Ende April bis Mitte September) ist es möglich, auf historische Weise über die Lahn zu setzen. So ein Abenteuer erlebt man nicht alle Tage. Mit dem Auto kommt man direkt zum Anleger und kann es auf dem Parkplatz „Im Bangert" abstellen.

TIPP

Den Tiergarten Weilburg besuchen und den Bären beim Balgen im Teich zusehen.

● Rollschiff Weilburg, Im Bangert, 35781 Weilburg
www.kvv-weilburg.de/weilburger-rollschiff-lahn.html
● ÖPNV: Haltestelle Weilburg Landtor

Rendezvous im Park

41

Im Quellenpark Kronthal in Kronberg

„Wer einmal Kronthaler Wasser an der Quelle getrunken hat, verlässt die Stadt nie mehr.“ Dieses Sprichwort ist in Kronberg bekannt. Deshalb, munkelt man, treffen sich viele junge Paare im Kronthal, um sich aneinander zu „binden“. Der große Landschaftspark mit weit geschwungenen Wegen und altem Baumbestand, darunter auch seltene Baumarten, bietet einen romantischen Ort für ein Rendezvous. Das Element Wasser zeigt sich hier in zwei Bächen, natürlichen Heilquellen und einem Wassertretbecken. Große Wiesenflächen laden zum Picknick ein. Mitte des 16. Jahrhunderts wurde in dem kleinen Tal zwischen Kronberg und Mammolshain erstmals ein Sauerbrunnen urkundlich erwähnt. Mit der Bescheinigung der Heilwirkung durch den Amtsarzt Ferdinand Küster begann Anfang des 19. Jahrhunderts die wirtschaftliche Nutzung. Kronthaler Wasser wurde abgefüllt und bis nach England und Amerika verkauft. Auf einer Informationstafel des Regionalparks Rhein-Main ist zu sehen, wie das Kronthaler Wasser beworben wurde. Eine Werbekarte aus dem 19. Jahrhundert zeigt eine Frau mit langen blonden Haaren, die in einem wallenden weißen Gewand aus einer weißen Blüte erwächst. Auf dem Kopf trägt sie einen Krug, ein Champagnerglas hält sie in der Hand. Der Begriff Sauerbrunnen steht für ein kohlensäurehaltiges Mineralwasser, natürliches Sprudelwasser. Noch heute kann man das Mineralwasser selbst schöpfen. Ein Genuss ist es außerdem, sich an heißen Sommertagen im gefliesten Kneippbecken neben dem Natursteinbrunnen mit Wassertreten zu erfrischen. Dem Regionalpark Rhein-Main haben wir diese Auszeit zu verdanken, denn er ermöglichte die Sanierung der Anlage zu Beginn des 21. Jahrhunderts.

Angrenzend an den Park fügen sich Streuobstwiesen, auch eine Erlebnisobstwiese des Obst- und Gartenbauvereins, in die Landschaft. Am oberen Ende des Parks sorgen Boulebahnen für Zeitvertreib. Zur Einkehr lädt am Parkeingang das Restaurant La Fattoria mit Terrasse ein. Hier herrscht freundliche Selbstbedienung mit Buzzer.

TIPP

Über das Kronthal führt die Radstrecke Safari vom Opel-Zoo zum Frankfurter Zoo.

● Quellenpark Kronthal, Kronthaler Straße 52, 61476 Kronberg im Taunus
● ÖPNV: Haltestelle Kronberg (Taunus) Kronthal

KRONTHALER QUELLEN

Sommerliche Badefreuden

42

Am Dutenhofener See

Es ist Sommer. Ein strahlend blauer Himmel, die Sonne scheint und eine leichte Brise weht sanft über den Dutenhofener See zwischen Wetzlar und Gießen. Ein perfekter Tag für einen Ausflug an den Badesee! Ein kleiner feiner Sandstrand lädt zum Verweilen ein. Palmen sorgen für Urlaubsstimmung. Die Menschen breiten ihre Handtücher aus, bauen Sonnenschirme und Sonnenzelte auf und machen es sich gemütlich. Kinder spielen fröhlich im flachen Wasser, während Erwachsene sich sonnen oder zur hölzernen Badeinsel schwimmen. Daneben spritzt eine Fontäne in der Mitte des Sees in die Höhe. Wer im Sand keinen Platz mehr findet, auf den wartet eine große Liegewiese mit verschiedenen Spielgeräten für die Kleinen und einem Beachvolleyballfeld. Alles, was man für das Urlaubsfeeling braucht. Charmant sind auch die kleinen offenen Holzhüttchen im Sand, die an Strandkörbe erinnern.

TIPP

Livemusik am Dutenhofener See und Zeltpartys mit Kultcharakter.

Der Dutenhofener See ist ein wahres Freizeitparadies, auch Segeln ist möglich. An der östlichen Seite des Sees liegen die Segelboote der Segelclubs Gießen 84 und WSV Lahnaue in einem kleinen idyllischen Hafen. Ein Tretbootverleih auf der Westseite am Badestrand rundet den Spaß ab. SUPs können ebenfalls ausgeliehen werden. Hierfür ist der See besonders gut geeignet. Die natürliche Schönheit des Sees zeigt sich vor allem im Vogelschutzgebiet im westlichen Teil.

Das Freizeitgelände ist ganzjährig geöffnet, ebenso der angrenzende Campingplatz, der teilweise über Stellplätze direkt am Ufer mit hinreißender Aussicht verfügt. Nicht nur Dauercamper schätzen die Gastronomie am See. Der Beachclub bietet alles, was man für einen Urlaubstag benötigt: coole Drinks bei chilliger Musik. Das Selbstbedienungsrestaurant verwöhnt mit Pizza, Würstchen und Salat. Noch mehr Auswahl gibt es in der Gaststätte Zum Anker mit Seeterrasse. Alle Speisen werden frisch zubereitet, mediterranes Flair trifft auf deutsche Küche. Sogar im Frühjahr und Herbst sind bei schönem Wetter Gaumenfreuden mit Blick auf den See zu genießen.

- Dutenhofener See, Dutenhofener See 1, 35582 Wetzlar www.dutenhofenersee.com
- ÖPNV: Bahnhof Dutenhofen (Wetzlar), ca. 1,2 Kilometer Fußweg

Gartenfantasie

43

Am Teich im Schlosspark Bad Homburg

Schmetterlinge umfliegen sich, Gänse und Enten chillen unter der Trauerweide. Im Schlosspark direkt neben der Altstadt Bad Homburgs ist die Welt in Ordnung! Im Teich spiegelt sich der weiße Turm, das Wahrzeichen von Bad Homburg. Es ist der Bergfried der mittelalterlichen Burg, die hier, bevor das barocke Schloss erbaut wurde, stand. In der Turmspitze fand man eine Kapsel mit Dokumenten, unter anderem einer Kurzchronik und einer Nachricht des ehemaligen Schlossdieners Heinrich Gent: „Ein Gruß aus der Ewigkeit an meine lieben Nachkommen. Ich war nicht auf Rosen gebettet und wünsche Euch ein besseres Dasein." Und das bessere Leben ist nun da.

Der Schlossgarten ist sehr reizvoll für einen kleinen Spaziergang in Mußestunden zu jeder Jahreszeit. Romantische Wege führen durch pittoreske Bepflanzungen um den großen Teich mit seinem geschwungenen Ufer. Ausreichend Sitzplätze zum Ausruhen sind vorhanden. An den Landschaftspark mit dem Teich und einem Esskastanienhain grenzt der herrschaftliche Obstgarten. Sehenswert sind auch der Lustgarten mit Orangerie und das Teehaus im Rondell Goethes Ruh. Mit wenigen Schritten gelangt man wie auf einer Zeitreise durch die Gartenkultur vom barocken Park bis zum englischen Landschaftsgarten. Landgräfin Elisabeth brachte die Gartenkultur aus England mit. Hier fühlen sich auch die heutigen Besucher wie Aristokraten, finden Ablenkung vom Alltag und Inspiration. Einst war das Schloss der Regierungssitz derer von Hessen-Homburg, später die Sommerresidenz der preußischen Könige und deutschen Kaiser.

Im Inneren des Schlosses locken preziöse Gemächer zur Besichtigung. In Bad Homburg befinden sich wohl die einzigen in Deutschland erhaltenen Beispiele für die Wohnkultur der wilhelminischen Kaiserfamilie. Das Schlosscafé lädt zur gemütlichen Einkehr ein. Was für ein Glück, dass man in solch einem Garten wandeln darf! Bei Einbruch der Dunkelheit schließen sich die Tore und das Gartenglück mit Teich erholt sich bis zum nächsten Morgen.

TIPP

Auf dem traditionellen Weihnachtsmarkt fährt eine echte kleine Dampfeisenbahn am Fuße des Weißen Turms.

- Schlosspark Bad Homburg, Hindenburgring, 61348 Bad Homburg v. d. H.
- ÖPNV: Haltestelle Bad Homburg v. d. H. Schlossgarten oder Meiereiberg

Geflüster der Natur

44 Am wildromantischen Wispersee

Versteckt hinter Taunushügeln liegt das wilde Wispertal, ein Seitental des Rheins, eine sagenhafte Gegend zwischen Lorch und Bad Schwalbach mit urwüchsiger Natur. Das Wispertal gehört zu den schönsten und waldreichsten Landschaften Hessens. Hier bilden Felsen und rauschendes Wasser zusammen mit Burgruinen und alten Mühlen eine märchenhafte Kulisse. Weitab vom Trubel der Städte schlängelt sich die Wisper durch die Landschaft. Durch Auen und Wiesen begleitet Wanderer nur das leise Geflüster des Wassers.

Ein unvergleichliches Naturerlebnis bietet sich an einem wunderschönen Flecken Landschaft am Rande des Wispertaunus. Denn hier liegt hinter hohen Bäumen der Wispersee, ein 200 Meter langer Stausee westlich des gleichnamigen kleinen Örtchens Wisper, das in Hanglage über dem Flüsschen Wisper liegt. Am Wispersee wird man mit einer Pause direkt am Wasser zwischen Wiesen und Bäumen belohnt: Ein Teich, in dem zwar nicht gebadet werden darf, in dem aber Angler auf einen Fang hoffen dürfen. Rund um den schönen Waldsee laden viele Bänke und Holzplateaus zur Entspannung ein. Ein wunderbarer Ort zum Lesen, Meditieren oder Sonnenbaden. Ein Picknick auf dem Holzsteg ist ein ganz besonderes Erlebnis am Wasser. Bei der Aussicht auf den See geht das Herz auf. Für Kinder ist Platz zum Herumtollen.

TIPP

Nach dem Wandern regionale Speisen in der Hexenmühle in Heidenrod genießen.

Ein Besuch am See lässt sich mit einer Wanderung auf den gut ausgeschilderten Wisper Trails Wisper Geflüster, 8,5 Kilometer lang, und Naurother Grubengold, 14,1 Kilometer lang, verbinden. Die Wisper Trails sind exklusive Wanderwege in der unberührten und dünn besiedelten Region des Wispertaunus. Sie zeichnen sich durch dichte Wälder, grüne Wiesen und das malerische Tal der Wisper aus. Die steilen Hänge beherbergen eine Vielzahl seltener Tier- und Pflanzenarten. Möglicherweise ist der Wispertaunus auch deshalb ein Ort voller sagenhafter Geschichten. Viele Wanderer sind davon überzeugt, dass Wandern im Wispertaunus den Weg zum Glück eröffnet.

- Wispersee, Naurother Weg, 65321 Heidenrod
- ÖPNV: Haltestelle Heidenrod-Wisper Feuerwehr, ca. 750 Meter Fußweg

Wandeln unter Platanen

45

Im Hafenpark in Rüdesheim

Ein Lieblingsort am Rhein für Momente der Muße und Inspiration ist der Hafenpark in Rüdesheim. Die gepflegte Parkanlage mit einer Vielzahl an Baumarten bildet den Anfang des UNESCO-Welterbes Oberes Mittelrheintal, das bis Koblenz reicht. Burgen, die Loreley und geschichtsträchtige Orte liegen auf der Strecke. Der Hafenpark ist der Ruhepol der touristischen Weinstadt am Rhein. Im gesamten Park gibt es Sitzgelegenheiten, um sich Zeit zu nehmen und die Aussicht zu genießen. Rasenflächen, auf denen man eine Decke ausbreiten kann, laden zum Picknick ein oder zum Lesen eines Buches. Es ist ein Wohlfühlort.

Eine Attraktion ist die Platanenallee. Sie zieht sich 1 Kilometer am Ufer des Rheins entlang, ein Inbegriff der Flussromantik. Hier sitzt es sich schön auf den Bänken unter den Bäumen mit weitem Blick über den Rhein. Es gibt viel zu sehen durch die in der Nähe befindlichen Schiffsanlegestellen. Im Sommer spenden die Bäume wohltuenden Schatten. In die andere Richtung bieten sich Ausblicke auf die umliegenden Weinberge. Ein Highlight bleibt jedoch ein Spaziergang auf der Promenade entlang des Rheins. Am Wasser zu laufen gibt Kraft und Ruhe. Von der Ruine der Hindenburgbrücke aus kann man unter Platanen mit Blick auf das Wasser und die vorbeifahrenden Schiffe spazieren. Am Ende des Wegs lockt der Weinstrand: In schöner Kulisse auf Liegestühlen mit einem Glas Wein von Winzern aus der Region am Rhein zu sitzen und die Sonne zu genießen, ist ein Top-Urlaubserlebnis. Am Weinstand werden ebenfalls kleine Speisen angeboten. In der untergehenden Sonne am Abend wird es noch stimmungsvoller.

Die Nähe des Hafenparks zu anderen Sehenswürdigkeiten in Rüdesheim am Rhein macht die Lage perfekt. Ausreichend Parkplätze sind vorhanden. So ist der Park auch ein idealer Ausgangs- und Endpunkt, um Rüdesheim zu besichtigen. Zu Fuß kann man von dort das trubelige alte Stadtzentrum mit seinen zahlreiche Restaurants, Weingütern und Geschäften erreichen.

TIPP

Spaziergang zum Yachthafen und am Wochenende Einkehr auf dem Clubschiff Dorotea des Rüdesheimer Yacht Clubs.

- Hafenpark, Kastanienallee 2, 65385 Rüdesheim am Rhein
- ÖPNV: Haltestelle Rüdesheim (Rhein) Rheinhalle Süd

Prickelnder Spaß

46 Im Taunus Wunderland in Schlangenbad

Das Taunus Wunderland ist ein Freizeitpark für die ganze Familie und lockt im Herzen des Taunus nicht nur mit spannenden Fahrgeschäften aus der Welt der Muckels, den Maskottchen des Parks, sondern auch mit einer Vielzahl erfrischender Wasserattraktionen. Gerade an warmen Sommertagen bieten diese willkommene Abkühlung und sorgen für jede Menge Fun und Action.

Eine der bekanntesten Attraktionen im Taunus Wunderland ist die Dinorutsche. Hier können Besucher auf Gummireifen eine rasante Rutschpartie über einen Wasserfilm erleben. Mit hoher Geschwindigkeit geht es bergab, ein absolutes Highlight für alle großen und kleinen Rutschenfans! Wer lieber ganz im Wasser unterwegs sein will und sich nicht scheut, nass zu werden, für den ist die Traubenrutsche genau das Richtige. In einem Boot in Form eines Baumstammes geht es durch einen mit Wasser gefüllten Kanal, vorbei an einem kleinen Wasserfall, hinauf in eine mit Trauben geschmückte Holzhütte. Nach zwei Drehungen rast das Boot wieder schnell abwärts und das Wasser spritzt in die Höhe und auf die Abenteurer. Eine heitere Erfrischung in der Sommerhitze! Eine aufregende Fahrt, die Nervenkitzel und jede Menge Lachen garantiert.

Wenn Kinder es lieber etwas ruhiger mögen, können sie auf dem Schwanensee in Schwanenbooten im Karussell über das Wasser fahren und die Atmosphäre genießen. Eine sichere Überfahrt, die bei den jüngsten Besuchern sehr beliebt ist. Auch können sie eine Fahrt mit den kleinen Spaßbooten unternehmen oder Edelsteine waschen. Eine Tour im wilden Wasserstrudel bietet die Forellenschleuder, ein Rundfahrgeschäft. Man kann selbst lenken, ob man lieber innen oder außen durch das spritzende Wasser fahren möchte. Leckere Essens- und Souvenirstände runden den abwechslungsreichen Ausflugstag ab.

TIPP

Musikfestival Sound of Taunus im Sommer, schaurig-schönes Halloween und Winter Wunderland im Advent.

- Taunus Wunderland, Haus Zur Schanze 1, 65388 Schlangenbad, Tel. (0 61 24) 40 81 www.taunuswunderland.de
- ÖPNV: Haltestelle Taunusstein-Seitzenhahn Taunus Wunderland

Entspannung im Grünen

47 Am Stausee im Woogtal in Königstein

Willkommen im Woogtal in Königstein! Am Ende des Forellenweges, kurz nach der Vereinigung von Rombach und Reichenbach zum Liederbach, wartet eine kleine Oase. Dort befindet sich ein Stausee, ein Ort der Freude für Naturliebhaber. Hier taucht man ein in eine idyllische Natur und genießt die Ruhe und Entspannung, die dieser Platz bietet. Umgeben von Wäldern und saftigen Wiesen lädt das Gebiet neben dem Königsteiner Freibad zu ausgedehnten Spaziergängen und Wanderungen ein, um die Natur in vollen Zügen zu genießen. Beim Blick auf das Wasser des Sees wird man von der Kulisse regelrecht verzaubert. Die hier lebenden Enten sind recht zutraulich. Zahlreiche Holzbrücken überspannen den Bach, der nach dem See weiterplätschert. Ihm zu folgen ist ein Abenteuer. Im Wald ragen einige für den Taunus typische vereinzelte Felsformationen in die Höhe.

Vom Wanderparkplatz Forellenweg aus gelangt man ins Woogtal. Zunächst kommt man an einem alten Mühlrad vorbei, das sich unermüdlich dreht. Auf der anderen Seite des Baches befindet sich ein Grillplatz, ein netter Ort, um mit den Lieben eine entspannte Zeit inmitten der Natur zu verbringen. Die Lage des Grillplatzes am alten Mühlrad ist einfach traumhaft. Das sanfte Plätschern des Baches und das Zwitschern der Vögel sorgen für eine entspannte Atmosphäre und schaffen ein stadtnahes Erlebnis in der Natur.

Der Grillplatz wird von den Pfadfindern Königstein (DPSG) vergeben. Es gibt nur eine Feuerstelle. Leckere Speisen können also auf einem mitgebrachten Grillrost direkt über dem Feuer zubereitet werden. Baumstämme rundum dienen als Sitzgelegenheit. Für Kinder empfehlen sich im Frühling und Herbst Gummistiefel zum Spielen im Bach.

Das Woogtal befindet sich am Fuße des Burgbergs, auf dem die Ruine thront, das Wahrzeichen von Königstein. In etwa 20 Minuten (1 Kilometer) ist sie zu erreichen. Auch eine Besichtigung lohnt sich, denn es handelt sich um eine der größten Festungsruinen Deutschlands.

TIPP

Am Himmelfahrtswochenende finden auf der Burgruine Königstein Mittelalter-Ritterturniere statt.

- Stausee im Woogtal, Forellenweg, 61462 Königstein im Taunus
- ÖPNV: Haltestelle Königstein (Taunus) Freibad oder Grüner Weg

Heilsamer Spaziergang

48

Auf der Brunnenallee im Kurpark Bad Homburg

Champagnerluft weht hier auf der Brunnenallee im Kurpark Bad Homburg. Gemeint war die abendlich frische Brise, die vom Großen Feldberg her wehte. Englische Kurgäste prägten diesen Begriff, der heute oft auch in Bezug auf die mondäne Lebensart im Kurort verstanden wird. Auf der von Kastanien gesäumten breiten Brunnenallee lässt sich gut flanieren. Die Brunnen liegen hier im östlichen Teil des weitläufigen Kurparks nah beieinander. Ihre Quellwässer weisen unterschiedliche Mineraliengehalte und sehr heilwirksame Bestandteile auf.
Der Kaiserbrunnen am Kaiser-Wilhelms-Bad und der Spielbank war schon bei den Römern beliebt. Als die Heilkraft dieser Quelle Mitte des 19. Jahrhunderts neu entdeckt wurde, nannte man sie aufgrund ihrer Eigenschaften „Sprudel“. Um den Kaiserbrunnen herum kann übrigens beim Bad Homburger Eiswinter Schlittschuh gelaufen werden. Schlicht in Metall kommt dagegen der Stahlbrunnen daher, dessen Wasser, wie es der Name schon sagt, reich an kohlensaurem Eisen ist und bei Blutarmut und zur Blutdruckregulierung empfohlen wird. Eine der calciumreichsten Quellen Deutschlands fließt im Auguste-Viktoria-Brunnen, der nach der Gemahlin von Kaiser Wilhelm II. benannt ist, der selbst den prächtigen Pavillon entwarf. Der Natrium-Chlorid-Säuerling findet Anwendung bei Beschwerden der Leber und Galle. Die „salzigste“ Heilquelle Bad Homburgs befindet sich im Landgrafenbrunnen. Sein Wasser wirkt ebenfalls auf Leber und Galle. Opulent endet der Brunnenspaziergang am Elisabethenbrunnen, einem prachtvollen runden Tempel, in dem die Marmorskulptur der griechischen Göttin Hygieia sitzt. Benannt wurde er nach der Landgräfin Elisabeth von Hessen-Homburg, der wir auch den Tannenwald in Bad Homburg verdanken. Die öffentliche Zapfstelle des Elisabethenbrunnens befindet sich außerhalb des Kurparks. Justus von Liebig bescheinigte dem Heilwasser einen unvergleichlichen Reichtum an wirksamen Bestandteilen. Die Entdeckung des Brunnens 1834 begründete den Erfolg des Kurbades Bad Homburg.

TIPP

Auf der stilvollen Terrasse der Orangerie am märchenhaften Froschkönig-Teich einen Kaffee trinken.

- Kurpark, Brunnenallee, 61348 Bad Homburg v. d. H.
- ÖPNV: Haltestelle Bad Homburg v. d. H. Kaiser-Wilhelms-Bad

AVGVSTAE

Traumerfüllung

49 Bei der Wassersportvereinigung Hochtaunus in Oberursel

Auf dem Wasser zu Hause und doch dem Meer so fern ist die Wassersportvereinigung Hochtaunus mit Sitz in Oberursel. Ziel des Vereins ist die Förderung und Pflege wassersportlicher Tätigkeit – und das mitten im Taunus. Erwachsene und Jugendliche werden hier auf dem Trockenen in Theorie und Praxis des Motorbootfahrens und Segelns ausgebildet. Auf großen Seekarten werden Kurse eingezeichnet, im Unterricht die Sichtzeichen auf See, Vorfahrtsregeln, Sicherheit, gute Seemannschaft, Wetterkunde und Navigation vermittelt. Dabei wird auf Bootsführerscheine vorbereitet – die amtlichen Sportbootführerscheine (SBF) Binnen und See, der empfohlene Sportküstenschifferschein (SKS) und Sportseeschifferschein (SSS). Des Weiteren können Funkscheine und der Fachkundenachweis Seenotsignalmittel absolviert werden. Eben alles, was man braucht, um ein Boot zu chartern und auf Törn zu gehen. Mit einer Yacht entlang der Küste seinen Urlaub zu verbringen, bleibt auf diese Weise nicht nur ein Traum. Die Ausbilder sind erfahrene Seebären wie Diplom-Sport- und Segellehrer Andreas Heid, der Vorsitzende des Vereins.

Die Praxis wird bei Törns vermittelt. Das „Revier" des Vereins ist vor allem die Ostsee, auch das Ijsselmeer, alle 2 Jahre geht es ins Mittelmeer. Die Törns auf Segelyachten stehen unter bestimmten Themen: Manövertraining, Skippertraining, Segeln im Gezeitenrevier oder auch „Segeln und Angeln", „Auf den Spuren der Hanse" und „Zug der Kraniche". Der Verein bietet sowohl Anfängern als auch Fortgeschrittenen die Möglichkeit, Erfahrungen im Wassersport zu sammeln. „Das Meer kennt keine Grenzen." Nach diesem Motto ist der Verein offen für Interessierte aller Generationen. Ein erster Kontakt ist jeden ersten Montag eines Monates beim Segler- und Motorsport Forum mit Vorträgen in der Burgwiesenhalle möglich. Zum Beispiel wird ein Törn im Ionischen Meer in Bild und Erzählung vorgestellt. Schöne griechische Häfen und romantische Ankerplätze. Dazu die Besichtigung von Zeugnissen der Antike. Traumhaft!

TIPP

Sailing with Friends: ein individueller Törn mit Familie und Freunden mit einem erfahrenen Skipper.

- Wassersportvereinigung Hochtaunus, Veranstaltungsort Forum: Burgwiesenhalle, Im Himmrich 9, 61440 Oberursel (Taunus) www.wsv-hochtaunus.de
- ÖPNV: Haltestelle Oberursel (Taunus)-Bommersheim Kalbacher Straße

Ort der Kontemplation

50 Am Pinguinbecken im Opel-Zoo in Kronberg

Das Pinguinbecken im Opel-Zoo ist ein wahrer Blickfang. Durch eine große Scheibe kann man Pinguine unter Wasser beobachten. Das lädt dazu ein, in eine Welt der Kontemplation einzutauchen. An Land doch so unbeholfen watschelnd, sind Pinguine im Wasser schnelle elegante Schwimmer. Fast wie im Unterwasserflug gleiten sie behände an den Zuschauern vorbei, tauchen ab und kommen wieder an die Oberfläche. Das Areal bietet den Pinguinen eine naturnahe Umgebung, die ihren Bedürfnissen gerecht wird. Es ist mit Steinen, Höhlen und Wasserbecken gestaltet und vermittelt den Eindruck einer felsigen Küstenlandschaft, wie sie die Pinguine in ihrer natürlichen Umgebung vorfinden. Besonders beeindruckend ist es, den Pinguinen bei ihren Ritualen und Verhaltensweisen zuzusehen. Sie bilden Paare, die ein Leben lang zusammenbleiben, und kümmern sich gemeinsam um ihren Nachwuchs. Die Fürsorge und Hingabe, die sie zeigen, ist bewundernswert und lässt den Besucher über die Bedeutung von Liebe und Zusammenhalt nachdenken. Die Pinguine im Opel-Zoo sind übrigens Brillenpinguine aus dem südlichen Afrika, eine stark gefährdete Art, deren Bestand immer weiter zurückgeht. Der Opel-Zoo engagiert sich aktiv für den Schutz dieser Tiere und beteiligt sich an Zuchtprogrammen.

Wasser spielt im Opel-Zoo außerdem eine Rolle in kleinen Aquaterrarien, in denen ausgewählte Lebensräume mit ihren Bewohnern vorgestellt werden, wie ein Korallenriff. Bei einem Gang durch die große Freiflugvoliere sind auf und über einem Teich viele verschiedene Entenarten und andere (Wasser-)Vögel aus nächster Nähe zu erleben. Zwischen der Madagaskar-Voliere und den Roten Pandas kann man zahlreiche Wasserschildkröten beobachten und auf dem Gibbonweiher gegenüber schwimmen Rosapelikane und Kormorane, während wenig weiter rosa Flamingos durch ihr Außengehege waten. Und wenn Hessens einzige Elefanten an heißen Tagen Lust haben, können sie ein Bad in einem ihrer Badebecken nehmen.

TIPP

Auf der Terrasse des Restaurants Sambesi mit Blick auf die Elefanten in der Savanne speisen.

- Opel-Zoo, Am Opel-Zoo 3, 61476 Kronberg im Taunus, Tel. (0 61 73) 3 25 90 30 www.opel-zoo.de
- ÖPNV: Haltestelle Kronberg (Taunus) Opel-Zoo

Über dem Rhein schweben

51 Mit der Niederwald-Seilbahn in Assmannshausen

Robust und unverwüstlich seit den 50ern führt der Sessellift von Assmannshausen hinauf auf den Niederwald. Die Fahrt ist ein kleines Abenteuer. 220 Höhenmeter werden auf der Strecke überwunden. Sobald man im Zweiersessel sitzt, den Sicherungsbügel hinuntergeklappt hat und sich langsam von der Station entfernt, spürt man ein Kribbeln im Bauch. Der Fahrtwind streicht um die Nase. Es ist ein Gefühl von Leichtigkeit und Freiheit, über dem Boden zu schweben. Schwindelfrei sollte man schon sein, nur mit einem Fußbügel unter den Füßen.

Man gleitet über Assmannshausen mit Blick auf die Weinreben auf der Steillage Assmannshäuser Höllenberg, die berühmte deutsche Rotweinlage, auf der Spätburgunder angebaut wird. Immer steiler geht es hinauf. Die schönste Aussicht bietet sich während der Fahrt. Beeindruckend, wie sich der Blick immer mehr über das Rheintal öffnet. Der Fluss mit seinen Schiffen und die Weinberge wirken aus dieser Perspektive noch imposanter. Die Seilbahn bewegt sich sanft und ruhig, sodass man die Fahrt und den Blick in die Umgebung entspannt genießen kann. Kurz darauf verschwindet die Seilbahn in einer Schneise im Wald.

Oben warten weitere Glücksmomente. Zum Beispiel im Panoramarestaurant im alten Adelssitz Hotel Jagdschloss speisen, in einem kleinen Wildgehege mit Damwild die sonst so scheuen Tiere füttern oder sich durch eine Zauberhöhle im Dunkeln vortasten, bis plötzlich Licht leuchtet. An der höchsten Stelle des Niederwaldes, 10 Minuten von der Bergstation entfernt, thront die Ruine Rossel über dem Rheintal. Sie erlaubt einen fantastischen Blick auf das Binger Loch mit dem Mäuseturm und die Mündung der Nahe. Anschließend kann man noch weiter bis zum Niederwaldtempel und -denkmal wandern und dort mit einer Kabinenseilbahn nach Rüdesheim hinuntergondeln. Oder einfach wieder zurück zum Sessellift und hinunter nach Assmannshausen, wo es viele Einkehrmöglichkeiten gibt. Die Rückfahrt ist noch eindrucksvoller, denn nun schwebt man dem Rhein entgegen.

TIPP

Lichtermeer beim Silent Ride: Adventsgondeln mit der Kabinenseilbahn Rüdesheim.

- Niederwald-Seilbahn, Niederwaldstraße 34, 65385 Rüdesheim am Rhein, Tel. (0 67 22) 27 65, www.niederwaldseilbahn.de
- ÖPNV: Bahnhof Rüdesheim (Rhein)-Assmannshausen

Einmal Meerjungfrau sein

52

Ein Tag im TaunaBad Oberursel

Im TaunaBad Oberursel können sich Kinder einen großen Traum erfüllen: Einmal als märchenhafte Meerjungfrau oder als Wassermann mit farbenfroh glitzernden Nixenflossen durch das Wasser schweben und sich dabei schwerelos in einer Fantasiewelt bewegen. Die 1-stündige Nixenanimation für Kinder ab 8 Jahre beinhaltet Übungen und Spiele rund um das Schwimmen mit Flossen und ist auch ein tolles Fotomotiv.

Am schönsten Tag im Jahr ist für den Nachwuchs eine Geburtstagsparty im Schwimmbad das Nonplusultra. Ein bunt gedeckter Geburtstagstisch am Beckenrand, darauf Knabbereien und Softgetränke, so wird dieser Tag zu etwas ganz Besonderem. Die Gäste und das Geburtstagskind dürfen sich auf lustige Spiele im Wasser oder ein packendes Wasserballmatch freuen. Auch der Sprungturm kann extra für die Feier geöffnet werden. Die Animationsangebote wechseln, das TaunaBad-Team bietet immer wieder neue Attraktionen an. Unabhängig von diesen spannenden Angeboten vereint das TaunaBad eine ideale Kombination von Wasserfreuden. Das Sport- und Familienbad, dessen drei Becken in der Schwimmhalle zwischen 27,5 und 32 Grad Celsius warm sind, wartet nicht nur mit der modernen Schwimmhalle auf, sondern bietet zusätzlich ein großzügiges Freibad-Außengelände. Im beheizten Kombibecken stehen hier abgetrennte Bahnen für sportliche Schwimmer zur Verfügung. Die kleinen Gäste vergnügen sich im neu gestalteten Kleinkinderbecken mit vielen Wasserattraktionen und einer Rutschenrampe sowie einem großzügigen Spraypark oder toben sich auf dem Spielplatz aus. Für Sonnenschutz sorgt der einmalige Baumbestand auf dem parkähnlichen Gelände. Ebenfalls ist für eine Stärkung zwischendurch gesorgt. Die Schwimmhalle ist ganzjährig geöffnet und kann parallel zum Freibad genutzt werden, ein einzigartiges Angebot in der Region.

Für Frühschwimmer öffnet das Hallenbad an manchen Tagen bereits um 6.30 Uhr. An zwei Sonntagen im Monat können weibliche Gäste beim 2-stündigen Frauenschwimmen unter sich bleiben.

TIPP

Das beste Eis im Umkreis im Eiscafé Corona (Hohemarkstraße 137) genießen.

- TaunaBad, Altkönigstraße 99, 61440 Oberursel (Taunus), Tel. (0 61 71) 50 92 50 www.stadtwerke-oberursel.de/taunabad
- ÖPNV: Haltestelle Oberursel (Taunus) TaunaBad

Kaffeehauspoetik

53

Im Lahn-Café Am Rosengärtchen in Wetzlar

„Was immer du tun kannst oder wovon du träumst – fang damit an." Dieses Zitat von Goethe haben sich Miriam Eufinger und Eric Jung zu Herzen genommen, als sie mit diesem besonderen Café ihren Lebenstraum verwirklichten. Die Konditormeisterin und der Bäckermeister backen aus Leidenschaft. Kuchen- und Tortenliebhaber befinden sich hier im Himmel der süßen Köstlichkeiten. 68 verschiedene Torten sind bereits im Repertoire, die Miriam in der Konditorstube kreiert. Das Café ist gemütlich im Flair des Jugendstils eingerichtet. Er zeigt sich in den antiken Holzmöbeln und liebevoll ausgesuchten Dekorationsdetails. In der Vintage-Vitrine an der Holztheke locken verzierte Torten: Lavendel-Zitronen-Torte, Eierlikörtorte oder eine Schokoladentorte in Herzform. Auch Klassiker wie Käsekuchen oder Apfelkuchen interpretiert Miriam neu. Das Konditorhandwerk wird hier zur Kunst.

Das Highlight des Cafés ist seine Terrasse direkt an der Lahn. An Bistrotischen und -stühlen sitzt man mit wunderschöner Aussicht aufs Wasser. Kaffee trinken, Torte essen, Zeitung lesen, einfach auftanken. Hier ist es möglich. Das Tagescafé bietet dazu ein leckeres Frühstücksbüffet mit selbst gebackenen Brötchen und Brot und mit allem, was man sich für die wichtigste Mahlzeit des Tages wünscht – am Wochenende mit einem Gläschen Sekt zur Begrüßung. Das freundliche Personal versucht, den Gästen die Wünsche von den Augen abzulesen. So steht zum Kaffee auch laktosefreie Milch und Hafermilch bereit. Mittags wartet ein wechselndes Angebot auf hungrige Gäste. Auf der Karte stehen herzhafte gutbürgerliche Kleinigkeiten wie Kartoffelsalat mit Würstchen oder Frikadelle, Ofenkartoffel mit Kräuterquark, Salatteller, Wurstsalat und Panini. Alle Speisen werden liebevoll angerichtet auf Etageren und nostalgischem Geschirr serviert. Manche Gäste speisen vom Goldrandgeschirr aus den 50ern. Der Nebentisch bekommt wiederum anderes Geschirr. So schmeckt es noch besser. Und auf dem Sofa fühlt es sich ganz heimelig an.

TIPP

Besichtigung des Lottehauses, in dem die Lotte aus Goethes „Die Leiden des jungen Werther" wohnte.

- Lahn-Café Am Rosengärtchen, Hausertorstraße 43, 35578 Wetzlar, Tel. (0 64 41) 4 49 16 26, www.lahn-cafe.de
- ÖPNV: Haltestelle Wetzlar Buderusplatz, ca. 400 Meter Fußweg

LAHN-CAFÉ

Breiter Rutschspaß

54

Im Freibad Schloßborn

Hier im Freibad in der Mitte des kleinen Dorfes Schloßborn sind Kinder willkommen. Mit einer Gesamtfläche von etwa 10.000 Quadratmetern bietet das Freibad den perfekten Ort für Spaß und Erholung. Die Wasserqualität zählt zu den besten in der Umgebung, was von den aufmerksamen Bademeistern gewährleistet wird. Einen großen Funfaktor bietet die breite Wellenrutsche, auf der mehrere Personen gleichzeitig ins Becken rutschen können – bei Alt und Jung beliebt. Eine Attraktion an Land sind die auf der großzügigen Liegewiese stehenden lebensgroßen Pferde aus Beton, eine Stute mit einem Fohlen, auf denen die Kinder klettern können. Die Kinderfreundlichkeit der Einrichtung zeigt sich in vielen Details, in den Bildern, die den Boden schmücken, in zwei vorhandenen Spielplätzen und Tischtennisplatten.

Neben dem beheizten Becken mit Schwimmer- und Nichtschwimmerbereich verfügt das Schwimmbad über ein gesondertes, ebenfalls beheiztes Kinderbecken für die ganz kleinen Wasserratten. Hier können sie ausgiebig planschen. Der Kinderbereich ist mit einem Sonnensegel gut vor der Sonne geschützt und auf der Liegewiese finden sich auch schattige Plätzchen unter Bäumen. Das Freibad zeichnet sich durch eine freundliche und familiäre Atmosphäre aus. Sowohl die Gäste als auch das Personal sind angenehm und nie wird es übermäßig voll hier.

TIPP

In der Nähe bietet sich eine Trekkingtour mit Eseln auf der Doolittle-Funfarm in Glashütten an.

Ein typischer Schwimmbadkiosk bietet Pommes frites und Würstchen sowie kühle Getränke und Eis an. Die mit Süßigkeiten gefüllten Papiertütchen kommen immer gut an und erinnern an die Zeit, in der das Schwimmbad entstand. Die Geschichte des Freibades ist interessant. Um seinen Schloßborner Bürgern eine Schwimmgelegenheit zu bieten, pachtete im Jahr 1934 der damalige Bürgermeister, Johann Friedrich Marx, einen Weiher. Das Schwimmbad wurde dann in Eigenleistung der Einwohner gebaut.

- Freibad Schloßborn, Caromber Platz, 61479 Glashütten, Tel. (0 61 74) 96 46 20 www.gemeinde-glashuetten.de
- ÖPNV: Haltestelle Glashütten-Schloßborn Gemeindezentrum

Tanzendes Wasser

55 Im Selterswassermuseum in Niederselters

Selters ist ein Name, der in der Welt bekannt ist. Er bezeichnet das Mineralwasser aus der Quelle in Niederselters im Taunus und geht zurück auf die lateinischen Worte aqua saltare, was übersetzt „tanzendes Wasser" bedeutet. Es handelt sich um einen Sauerbrunnen mit natürlicher Kohlensäure. „Selters" wurde im Laufe der Zeit zum Synonym für Mineralwasser mit Kohlensäure, was sich auch in der Redewendung „Sekt oder Selters" verewigt hat. Bei einem Besuch des Selterswassermuseums in Niederselters reist man durch die faszinierende 500-jährige Historie des berühmten Tropfens.

Als Erstes schmeichelt die schöne Parkanlage und die Jugendstilfassade des 1907 erbauten Brunnentempels dem Auge – das Wahrzeichen von Selters. Das liebevoll restaurierte Brunnengebäude gewährt einen spannenden Einblick in die Geschichte des Urselters aus dem Selterser Mineralbrunnen. Darin ist die alte Abfüllhalle mit dem Originalbrunnen zu sehen, in der das Wasser einst in Steingutkrüge abgefüllt und in alle Erdteile vertrieben wurde. Sogar bis nach Nordamerika und China wurde das Getränk geschickt, da ihm eine mythische Allheilwirkung zuerkannt wurde und es zudem noch wohlschmeckend war. Im Brunnenmuseum, das samstagvormittags geöffnet ist, erfährt man, wie das Mineralwasser entdeckt wurde und wie es sich im Laufe der Zeit zu einem beliebten Getränk entwickelt hat. Zu bewundern sind historische Artefakte, unter anderem eine Sammlung von Flaschen mit Seltersaufdruck. Neben dem Museum liegt der moderne Haustrunkraum mit Zapfanlagen, aus denen das Wasser verkostet werden kann. Doch vor allem dient er dazu, dass die Einwohner von Selters sich ihren „Haustrunk" aus der berühmten Mineralquelle für den Hausgebrauch entnehmen können, denn dieses Recht ist ihnen seit 300 Jahren zuerkannt. In zwei Gesellschaftsräumen können außerdem Festivitäten, Hochzeiten oder auch Weinproben stattfinden – abends mit Beleuchtung, dann ist der Außenbereich des Gebäudes stimmungsvoll illuminiert.

TIPP

Am Rand des Ortsteils Münster befindet sich ein kleiner idyllischer See: der Lago Alfredo.

- Selterswassermuseum, Am Urseltersbrunnen 5, 65618 Selters (Taunus), Tel. (0 64 83) 9 12 20, www.selters-taunus.de
- ÖPNV: Bahnhof Selters (Taunus)-Niederselters

A. D.
1907

Naturimpressionen

56 An der Stuhlberger Seenplatte in Oberursel

Ein Lieblingsort für Naturverliebte ist die Stuhlberger Seenplatte am Franzoseneck bei Oberursel. Im Oberurseler Stadtwald bietet sie ein Refugium für Ruhe und Erholung in der Nähe der Stadt. Die drei Weiher fügen sich harmonisch ins Landschaftsbild und schaffen eine einzigartige Atmosphäre, ein Juwel der Natur. Sie sind von Wald umgeben, dessen ebene breite Wege zum Radfahren und Spazierengehen einladen. Die Stuhlberger Seenplatte ist ein beliebtes und gut erreichbares Ausflugsziel, denn hier kann man die Seele baumeln lassen.

Zahlreiche vom Taunusklub gut ausgeschilderte Wanderwege führen durch die friedvolle Landschaft. Als Ausgangspunkt eignet sich die Klinik Hohemark. Belohnt wird man für den Spaziergang mit einer Rast am malerischen Weiher. Der größere See kann sogar umrundet werden. Auf einer der vielen urigen Sitzgelegenheiten – kreativ bearbeitete Baumstämme als Sitzfläche und miteinander verbundene Äste als Rückenlehne eines Waldsofas – kann man sich niederlassen und auf das Wasser schauen. Keck lugen rosa Blüten aus dem Blättermeer im Wasser. Dass hier Seerosen leben, ist ein Zeichen für Sonne und ruhiges Wasser. Sie fühlen sich hier ebenso wohl wie wir Menschen.

TIPP

Eine Wanderung auf den nur zu Fuß erreichbaren mystischen Altkönig ist wie ein Kurzurlaub.

Bei strahlendem Sonnenschein ist die Natur rund um die Stuhlberger Seenplatte ein stimmungsvolles Bildmotiv. Dorthin werden auch organisierte Fotospaziergänge unternommen. In der Nähe befindet sich eine Lichtung und Wegkreuzung im Wald, das sogenannte Franzoseneck. Der Name rührt daher, dass sich hier nach dem Ersten Weltkrieg 1919 bis 1924 ein Grenzposten der französischen Besatzungsarmee befand. Deutsch-französische Geschichte ist auch an den nahe gelegenen Custine Schanzen am Oberurseler Hauptfriedhof spürbar. An diesem Ort wurde einst Kochgeschirr ausgegraben, allerdings stammt es von noch früherer Zeit, nämlich aus dem Jahr 1792. Es handelt sich um drei Wälle, die sich inzwischen in die Umgebung eingepasst haben.

- Stuhlberger Seenplatte, Hauptweg, 61440 Oberursel (Taunus)
- ÖPNV: Haltestelle Oberursel (Taunus) Hohemark, ca. 1,2 Kilometer Fußweg

Hochherrschaftliche Enten

57

Am Schillerweiher in Kronberg

So ein herrschaftliches Entenhaus sieht man selten. Die Enten vom Schillerweiher in Kronberg können sich glücklich schätzen, in einem so schmucken Häuschen mitten auf dem Teich im Victoriapark zu wohnen. Der Schillerweiher, der vom Angelsportclub Kronberg befischt wird, bietet faszinierende Beobachtungsmöglichkeiten für Tierfreunde. Nicht nur Enten und Fische bewohnen das Wasser, auch die Einwanderertiere Nilgans, aus Afrika, und Nutria, aus Südamerika. Zeigen sich Nutrias, sind Parkbesucher fasziniert von ihrer entspannten Art, wie sie genüsslich fressen, sich liebevoll und gründlich putzen und eng aneinandergekuschelt schlafen. Die niedlichen Nutrias mit ihren Knopfaugen, Entenfüßen und handähnlichen Vorderpfoten können sehr anhänglich und menschenbezogen werden. Bernhard Grzimek hielt sich einen solchen Nager als Haustier. Purzel hieß sein Sumpfbiber.

Neben dem Schillerweiher liegt ein weiteres Gewässer, der Bleichweiher, der schon vor dem Park existierte. Hier wurde bis in die 1920er-Jahre Wäsche gewaschen, die auf der angrenzenden Wiese zur Bleiche ausgelegt wurde. Das Gebäude, das dort steht, war das Waschhaus und dient heute dem Angelsportclub als Vereinsheim. Im Spätsommer ist dies der Schauplatz für das traditionelle Fischerfest, das sich großer Beliebtheit erfreut. Forellen werden geräuchert und Fischbrötchen angeboten. Dazu gibt es Kaffee und Kuchen sowie Getränke. Bierbänke laden zum gemütlichen Beisammensein ein.

Nur wenige Minuten von Kronbergs charmanter Altstadt entfernt, bietet der weitläufige Victoriapark mit seinen großen Wiesenflächen weitere Freizeitmöglichkeiten. Besonders im Sommer ist er ein beliebter Ort zum Picknicken. Auf ausgedehnten Spazierwegen kann man die Natur mit Blick auf die Burg und die schönen Häuser und Villen ringsum erkunden sowie eine Bühne, einen Kinderspielplatz und eine Minigolfanlage entdecken. Auch für sportliche Aktivitäten wie Joggen oder Radfahren ist der Park bestens geeignet.

TIPP

Der Berliner Platz wird im Sommer zum Stadtstrand mit Liegestühlen, Palmen und Cocktails.

● Schillerweiher im Victoriapark, Schillerstraße, 61476 Kronberg im Taunus
● ÖPNV: Haltestelle Kronberg (Taunus) Schillerstraße

Wasserwandern

58 Eine Kanutour auf der Lahn

Die Lahn fließt zwischen den Mittelgebirgen Taunus und Westerwald durch malerische Landschaften und romantische Orte mit eindrucksvoller Geschichte. Sie ist ein wunderschöner Wanderfluss, der blaues Urlaubsglück beschert. Beim Wasserwandern kann man entweder mit dem Canadier oder dem Kajak unterwegs sein. Kanus sind beide, das ist der Oberbegriff. Der Canadier ist das Kanu der indigenen Völker, damals aus Holz, mit Platz für Gepäck und kippstabil, geeignet für Mehrtagestouren. Das Kajak mit einem Doppelpaddel ist das Kanu der Inuit, früher aus Walfischknochen und Leder. Es ist leichter und wendiger, aber es gibt weniger Stauraum, daher eher für Tagestouren geeignet.

Die Lahn lädt ein zu einer Reise voller Entdeckungen vom Kanu aus. Unberührte Flusslandschaften wechseln sich ab mit idyllischen Dörfern. So manche Burg und so manches Schloss liegen auf dem Weg. Leichte Stromschnellen und Schleusen sorgen für Nervenkitzel. Während des Wasserwanderns auf der Lahn hat man die Möglichkeit, die Schönheit der Natur und die Ruhe auf dem Wasser zu genießen – auf einer Tageskurztour oder mehrere Tage. Von Marburg bis Lahnstein, wo sie in den Rhein mündet, ist sie ganzjährig durchgängig befahrbar.

TIPP
Sitzkissen für die Boote mitnehmen, dann wird es gemütlicher.

Zu einem der schönsten Abschnitte gehört vermutlich die Strecke zwischen der barocken Residenzstadt Weilburg und der Kreisstadt Limburg. Weilburg wartet mit Deutschlands einzigem Schifffahrtstunnel auf, die mittelalterliche Stadt Runkel mit einer Burg und Limburg mit seinem Dom. Die Schleusen funktionieren in Selbstbedienung. An vielen Stellen kann man das Boot aus dem Wasser ziehen, um durch die Orte zu schlendern. Eine sehr gute Infrastruktur ist vorhanden. Mit der Lahntalbahn sind viele Einstiegsstellen am Fluss gut erreichbar. Kanuverleiher wie Lahntours-Aktivreisen bieten auch einen Rücktransport der Kanus oder bei Mehrtagestouren einen Gepäckweitertransport an. Zahlreiche Übernachtungsmöglichkeiten sind ebenfalls an der Strecke verfügbar.

- Kanutour auf der Lahn, diverse Einstiegsstellen und Verleihe, z. B. Weilburger Boote Kanustation, Bahnhofstraße 2 a, 35781 Weilburg, Tel. (0 64 71) 3 82 11
www.weilburger-boote.de
- ÖPNV: Haltestelle Weilburg ZOB

Kurzurlaub im Park

59

Im Quellenpark Bad Soden

Klein, aber fein ist der Quellenpark im Herzen der Altstadt von Bad Soden mit seiner Mineralquelle und einem Bachlauf. Die gepflegte Anlage ist eine echte Kraftoase, auch wenn das Wetter einmal nicht ganz so gut ist. Hier bekommt man sofort wieder gute Laune! Das benachbarte Hundertwasserhaus mit seiner bunten Fassade und den verspielten Formen und der Sodenia-Pavillon über der Quelle bieten eine ganz besondere Kulisse. Viele Ruhebänke laden zum Relaxen ein. Die ehemalige Trinkhalle beherbergt heute eine Tanzschule.

In unmittelbarer Nähe des Quellenparks befindet sich das einstige Bade- und Logierhaus am heutigen Franzensbader Platz, das Teil des Hundertwasserhauses ist. Das 1990 errichtete Wohngebäude mit seiner auffälligen Architektur und dem markanten Turm verfügt übrigens über 17 völlig unterschiedliche Wohnungen zwischen 120 und 230 Quadratmetern Größe. Diese erstrecken sich teilweise über mehrere Etagen und sind als „Haus im Haus" konzipiert. Zu jedem Wohnbereich gehört eine bepflanzte Terrasse oder ein Dachgarten. Die Anordnung sowie die unterschiedlichen Höhen und Formen geben der Anlage ihren künstlerischen Charakter. Das Herzstück des Parks ist der Solebrunnen im Sodenia-Pavillon. Aufgrund der hohen Salzkonzentration ist das Quellwasser jedoch nicht zum Trinken geeignet, sondern wird empfohlen für Mundspülungen, Inhalationen und Umschläge. Die Quelle diente ursprünglich zur Salzgewinnung im ehemaligen Gradierwerk der Saline. Wer das Heilwasser auch zu Hause braucht, kann sich ein Fläschchen aus dem sprudelnden Hahn unter der Statue nehmen. Sehenswert ist vor allem die imposante weiße Statue der Quellgöttin Sodenia, das Wahrzeichen der Stadt Bad Soden am Taunus.

Im Sommer finden im daneben liegenden Wilhelmspark regelmäßig Jazzkonzerte statt. Zu jeder Jahreszeit ist der Park schön zum Entspannen, Spazierengehen und um anschließend die umliegende Gastronomie zu erkunden. So kann man es sich gut gehen lassen!

TIPP

Im Arthouse-Kino Casa-Blanca (Zum Quellenpark 2) gibt es liebevoll kuratierte Filme zu sehen.

- Quellenpark Bad Soden, An der Trinkhalle 2 b, 65812 Bad Soden am Taunus
- ÖPNV: Haltestelle Bad Soden (Taunus) Alleestraße oder Bahnhof Bad Soden (Taunus)

Traumhafter Blick

60

Am Aussichtspunkt bei der Burg Nollig in Lorch

Majestätisch thront die Burg Nollig auf einem Hügel. Die Glücklichen, die sie privat besitzen! Der Aussichtspunkt in ihrer Nähe bietet einen atemberaubenden Panoramablick über das liebliche Rheintal mit seinen sanften Hügeln, den Weinbergen und dem glitzernden Fluss. Besonders beeindruckend ist der Ausblick bei Sonnenuntergang, wenn die letzten Strahlen des Tageslichts das Tal mit der Stadt Lorch an der Mündung der Wisper und die Binneninsel Lorcher Werth in ein warmes goldenes Licht tauchen.

Der Aussichtspunkt ist gut zugänglich und bietet verschiedene Sitzgelegenheiten, von denen aus man das Panorama in Ruhe genießen kann. Tafeln informieren über die Geschichte der Burg und ihrer Umgebung. Man sollte sich die Zeit gönnen, um hier zu verweilen, die Natur zu genießen und den Blick schweifen zu lassen. Es ist ein Ort der Ruhe, ein Kraftspot, an dem man den Liebreiz der Umgebung auf sich wirken lassen kann. Die schönste Weinsicht eben.

TIPP

Gute Weine findet man auf dem Weg nach oben in Lorch im Weingut Weiler (Weiselberg 9).

Die sonnenverwöhnten Hänge sind mit Rebflächen bedeckt, vor allem mit Riesling und Spätburgunder. Kaltluftgeschützt liegt der Rheingau im Regenschatten der bewaldeten Höhen des Taunus. Dieses milde Klima bietet ideale Bedingungen für den Weinbau. In der Landschaft rund um die Ruine Nollig herum finden sich übrigens Tiere und Pflanzen, die man sonst nur aus dem südlichen Europa kennt, wie die Gottesanbeterin. Die Gegend gehört in Hessen zu den Lebensräumen mit der höchsten Artenvielfalt.

Wer den Aussichtspunkt direkt erreichen möchte, kann an der Rheinuferstraße parken. Dann wandert man die Wisperstraße hinauf und biegt auf Weiselberg ab, danach links auf den Wanderweg. Vom Bahnhof Lorch ist er fußläufig über einen gut begehbaren Weg in etwa einer halben Stunde zu erreichen. Belohnt wird der Aufstieg durch den himmlischen Blick auf Lorch und den Rhein. Der Aussichtspunkt befindet sich direkt am gut ausgeschilderten Rheinsteig, der zu einer längeren Wanderung Richtung Kaub oder Richtung Rüdesheim mit weiteren spektakulären Ausblicken einlädt.

- Aussichtspunkt bei der Burgruine Nollig, 65391 Lorch (Rhein)
- ÖPNV: Bahnhof Lorch (Rhein), ca. 2 Kilometer Fußweg

SCHÖNSTE WEINSICHT
2020
Rheingau

Outdoor-Lese- & Spielecke

61 Am Teich in der Eichendorff-Anlage in Schwalbach

Am Rande der Schwalbacher Innenstadt führen zwei Feldwege in einen kleinen, aber feinen Park mit einem Teich, in dem die Frösche quaken: die Eichendorff-Anlage, benannt nach dem schlesischen Dichter Joseph Freiherr von Eichendorff. Diese kleine grüne Oase ist eine Überraschung in der von Beton geprägten Stadt am Taunus. Direkt am Teich vorbei fließt der Sauerbornsbach, der im Ortskern zum Schwalbach wird. Rund um das Gewässer laden mehrere Sitzgelegenheiten zum Picknicken, Lesen und zum Verweilen an diesem beschaulichen Ort ein. Ein Holzsteg weckt Urlaubsstimmung.

Auf der anderen Seite des Fußgängerwegs, vom Teich aus gesehen, befindet sich ein Kinderparadies. Die Tischtennisplatten warten auf Spieler. Dahinter liegt eine große Wiese mit Fußballtoren. Ein Teil der Wiese liegt am Hang, der im Winter zum Schlittenfahren genutzt wird. In einer kleinen Senke gibt es einen Bolzplatz für Kinder. Im hinteren Teil der Wiese am Hang vergnügen sich Kinder bis 6 Jahre auf einem Spielplatz.

In der lang gestreckten Anlage findet im Sommer das Eichendorffweiherfest statt, ein Sommerfest für die ganze Familie. Verschiedene Aktionen und Musik sorgen für Unterhaltung. Organisiert wird es unter anderem vom Verschönerungsverein Schwalbach. Dieser hat sich zum 60-jährigen Jubiläum darum gekümmert, dass in der Parkanlage Kunst zu bewundern ist. So begrüßt die blaue Skulptur „Kleiner verliebter König“ von Carin Grudda auf der Wiese die Besucher. Sein Herz und seine Krone sind golden. Er breitet die Arme in Richtung Teich und Betrachter aus, wie zu einer liebevollen Umarmung. Hier fühlt man sich willkommen.

Eins mit der Natur lächelt noch ein Frauenkopf ruhend in der Landschaft: Der Bronzekopf „Traum“ von Wanda Pratschke. Die Grünanlage zur Erholung war 1962 das erste Projekt des Verschönerungsvereins. Die Namensgebung nach dem aus Oberschlesien stammenden Dichter soll die Tatsache würdigen, dass viele Vertriebene aus Schlesien in Schwalbach eine neue Heimat gefunden haben.

TIPP

Ein Spaziergang am Schwalbach entlang durch Wiesen und Felder ist wunderbar entspannend.

- Teich in der Eichendorff-Anlage, Wiesenweg, 65824 Schwalbach am Taunus
- ÖPNV: Haltestelle Schwalbach (Taunus) Berliner Straße

Harmonie à la Feng-Shui

62

In der Taunus Therme in Bad Homburg

In eine pure Insel der Entspannung begibt man sich in der Taunus Therme in Bad Homburg. Hier ist alles nach den Regeln der Harmonie des Feng-Shui gestaltet. Asiatische Bauformen und Dekorationselemente strahlen eine positive Atmosphäre aus und vermitteln den Gästen ein Gefühl von Schutz und Geborgenheit. Hier fließt positive Energie, die die Besucher tanken können. Das Design der Therme, welche sich über das gesamte Gelände erstreckt, ist durchweg fantasievoll und atmosphärisch. Alles ist in einem tollen Farbenspiel gehalten. So wird jeder Meter zu einer Augenweide.

Im harmonischen Einklang mit den Elementen können die Gäste baden, saunieren und sich vom Alltag erholen. Die treibende Kraft im Feng-Shui ist das Chi – die unsichtbare Lebensenergie, die es in Bewegung zu halten gilt. Shui ist das Wasser. Das Gesundheits- und Erholungsbad im Taunus hält auf 1400 Quadratmetern eine einzigartige Wasserlandschaft bereit. Im warmen Wasser kann man sich zwischen japanischen Brücken treiben lassen, an Massagesprudeln, Sitzbuchten oder Wasserfällen eine wohltuende Pause einlegen. Verspannte Schultern gehören danach der Vergangenheit an. Whirlpools laden zum Relaxen ein. Durchatmen kann man im großen Außenbecken, in dem als Highlight zu bestimmten Zeiten eine künstliche Strömung erzeugt wird.

TIPP

Nicht vergessen, einen kuscheligen Bademantel mitzunehmen!

Die beglückende Kraft der Wärme in den zahlreichen Saunen in der Saunalandschaft mit allen Temperaturstufen und Aufgüssen je nach Wunsch lässt den Körper tiefenentspannen, ganz wie von selbst kann man an nichts mehr denken. Die Klang- und Duftsaunen sprechen alle Sinne an. Daneben gibt es eine Salzgrotte, Dampfbäder und wunderschöne Ruheräume zu entdecken. Mit seinen Farben und Lichtern wirkt das Hamam Paradies wie aus einem Märchen aus 1001 Nacht. Allein das ist einen Besuch in der Taunus Therme wert – wie eine Reise in eine andere Welt.

Im Restaurant kann man sich kulinarisch verwöhnen lassen. Die Gerichte, unter anderem aus dem Wok, werden immer frisch zubereitet.

- Taunus Therme, Seedammweg 10, 61352 Bad Homburg v. d. H., Tel. (0 61 72) 4 06 40, www.taunus-therme.de
- ÖPNV: Haltestelle Bad Homburg v. d. H. Seedammbad

Auf den Spuren der Römer

63 An der Weilquelle bei Niederreifenberg

Unauffällig und unscheinbar hat die Weil – die sich durch das idyllische Weiltal schlängelt und in vielen Ortsnamen im Taunus verewigt ist – unterhalb des Kleinen Feldberges ihren Ursprung. Eine Quelle, aus der das Lebenselixier Wasser entspringt, ist immer ein kleines Wunder. Traumhaft friedlich ist es an dieser Stelle im Wald. Die Quelle tritt aus dem Boden und bildet einen kleinen Bach. Eine Holzbrücke führt darüber. Zunächst verschwindet die Weil in den Reifenberger Wiesen, dann nimmt sie ihren lebhaften Lauf durch Schmitten über Weilrod, Weilmünster und Freienfels, bis sie bei Weilburg in die ruhig fließende Lahn mündet.

Man gelangt zur Quelle unter anderem über die geteerte Limesstraße und dann über Trampelpfade in den Wald. Dabei passiert man einen historisch interessanten Ort: das Römerkastell Kleiner Feldberg, das zum UNESCO-Weltkulturerbe gehört. Wegen der günstigen Wasserversorgung wurde es an der Weilquelle errichtet. Die Überreste des Militärlagers erzählen von der damaligen Überwachung des Limes und des Passes am Roten Kreuz. Zu sehen sind in dieser frei zugänglichen archäologischen Parklandschaft niedrige Mauerzüge, die die einstigen Gebäude erahnen lassen, darunter ein Badehaus. Die Grundmauern wurden restauriert und integrieren sich pittoresk in die grüne Landschaft. Ein magischer Ort zum Verweilen. Er eignet sich für eine Rast oder ein kleines Picknick in der Sonne, die Steinmäuerchen dienen als Sitzgelegenheit. Ein wunderschön stiller Kraftort, genau wie die nahe gelegene Quelle. An diesem Platz lässt es sich entspannen: Augen kurz schließen und genießen. Nach der Pause geht es mit neuer Energie weiter.

TIPP

Auf der Terrasse von Pizzeria Toni (Limesstraße 1) in Oberreifenberg speisen.

Der Rundweg Feldbergkastell, der um das Kastell herumführt, informiert auf zahlreichen Tafeln über das Kastell und den Limes und gibt einen interessanten Einblick in die Geschichte der Region und das Leben der Römer. Hier wandelt man an der Grenze des Römischen Reiches. So wird der Spaziergang in der Taunusnatur zur interessanten Geschichtsexkursion.

- Weilquelle, Nähe Limesstraße, 61389 Schmitten im Taunus
- ÖPNV: Haltestelle Schmitten-Niederreifenberg Windeck oder Rotes Kreuz, ca. 900 Meter Fußweg

Weil Quelle

Segelparadies

64 Entspannen am Inheidener See

In einer Ebene zwischen den Gebirgen Taunus und Vogelsberg im Gebiet der Stadt Hungen erstreckt sich ein Baggersee. Benannt ist er nach seinen angrenzenden Dörfern: Inheidener See oder auch Trais-Horloffer See. Schon allein der Anblick seines klaren türkisblauen Wassers lässt das Herz höherschlagen. Der See liegt eingebettet in eine schöne Landschaft, umgeben von Wiesen und Bäumen, darunter viele Pappeln.

Die Liegewiese ist von einem gebührenpflichtigen Parkplatz in Inheiden aus über einen kurzen Spaziergang am See entlang zu erreichen. Dort befindet sich auch Sonja's Strandbar mit Biergartenbestuhlung und loungigem Palettenmobiliar, die ihre Gäste mit Speisen, Eis und kühlen Getränken versorgt. Die DLRG Butzbach bewacht am Wochenende von ihrer Station aus die Badenden. Entlang des Ufers finden sich noch weitere, abgeschiedenere Liegeplätze. Schmale Einstiegsstellen führen durch die Vegetation zum See. Ein Fischersteg rechts am Anfang der Straße nach dem Parkplatz eignet sich zum Einlassen des eigenen Schlauchbootes oder SUPs. Tatsächlich ist es die schönste Auszeit, die man sich nehmen kann, mit einem Boot mitten auf dem Wasser zu sein. In jeder Hinsicht ist der Inheidener See ein Glücksort, der die Sinne berührt und das Herz erfüllt. Hier kann man die Nähe zum Wasser so richtig genießen.

TIPP

Am ersten Augustwochenende findet ein Seefest mit großem Feuerwerk statt.

Der Inheidener See stellt nicht nur ein traditionelles Badeziel dar, sondern ist auch ein beliebtes Segelrevier. Seine Lage, seine Größe und die günstigen Winde sorgen dafür, dass Besucher im Sommer unzählige Segel über das Wasser gleiten sehen. Zwei Segelvereine bieten die Infrastruktur und die Segelausbildung des Nachwuchses. Gelegentlich finden Regatten mit Gästen aus nah und fern statt. Der See ist zudem ein schöner Ausgangspunkt für Wanderungen oder Radtouren. Früher wurde hier Braunkohle abgebaut. Anfang der 1960er-Jahre entstand am See ein Naherholungsgebiet mit Wochenendhäuschen, die teilweise als Ferienwohnung angemietet werden können.

- Inheidener See, Seestraße, 35410 Hungen
- ÖPNV: Bahnhof Hungen-Trais-Horloff, ca. 450 Meter Fußweg

GER
10212

Übers Eis gleiten

65 Im Eisstadion Bad Nauheim

Wenn Wasser unter 4 Grad erkaltet, geht es über in seinen festen Zustand. Es gefriert zu Eis. Dann ist das besondere Vergnügen des Schlittschuhlaufens möglich. Das Interessante: Das Gewicht des Eisläufers, der Druck auf die Kufe der Schlittschuhe ausübt, ändert den Aggregatzustand von festem Eis wieder zu flüssigem Wasser. Durch den entstehenden Wasserfilm wird das Gleiten auf dem Eis erst möglich. Es ist ein großer Spaß für Jung und Alt, die Kufen der Schlittschuhe über das Eis gleiten zu hören.

Im Eisstadion in Bad Nauheim ist das in der kalten Jahreszeit möglich, wenn das Colonel-Knight-Stadion seine Pforten für die Öffentlichkeit öffnet. In der Heimstätte des Traditionsvereins Rote Teufel finden im Winter wöchentlich Eishockeyspiele des EC Bad Nauheim und der Ice Devils Bad Nauheim statt, und auch die Eiskunstläufer des LSC Bad Nauheim nutzen die Eissporthalle und laden zu Veranstaltungen ein. Im Sommer dient das Colonel-Knight-Stadion den Inlinehockeyspielern der Black Devils Bad Nauheim als Trainings- und Heimspielstätte.

In den Wintermonaten ist die Eisfläche auch zum freien Eislaufen geöffnet. Wer die Magie des Winters mit dieser außergewöhnlichen Sportart zelebrieren möchte, kann sich vor Ort Schlittschuhe ausleihen. Für das leibliche Wohl ist im Bistro gesorgt. Eislaufen übt durch das Gleiten eine ganz besondere Faszination aus. Ganz nach dem Motto „Let It Go", dem Lied der Eiskönigin. Leicht nach vorne gebeugt, die Knie leicht angewinkelt. Die Füße ein wenig nach außen gedreht und los geht es. Sich rhythmisch zur Musik zu bewegen, das bringt Freude, allein, zu zweit, als Paar oder in der Gruppe. Samstags findet manchmal eine Eisdisco statt.

Eine weitere Eissporthalle existiert im Taunus in Diez. Saisonale Eisbahnen gibt es außerdem beim Bad Homburger Eiswinter im Kurpark, auf dem Wetzlarer Weihnachtsmarkt oder in manchen Jahren in Weilmünster on Ice sowie in Bad Schwalbach beim Ice4Moor.

TIPP

Die wundervolle Stimmung beim Weihnachtssingen im Colonel-Knight-Stadion.

- Colonel-Knight-Stadion, Nördlicher Park 18, 61231 Bad Nauheim, Tel. (0 60 32) 34 33 56, www.eisstadion-bad-nauheim.de
- ÖPNV: Haltestelle Bad Nauheim Kurhaus, ca. 800 Meter Fußweg

MTS AUTOMOBILE
MURRAY 44
PHILIPP 8
13
FLT KRÖLL
FIRST
Jäger
AUTO KUHL
Licher
ŠKODA

Mit Blick auf den Rhein

66

Übernachten im Baumstammhaus bei Kaub

Hoch über dem Rhein, direkt am Wanderweg Rheinsteig, liegt eingefügt in die Natur das urige Baumstammhaus von Claudia und Axel Gundlach, das als Ferienwohnung gemietet werden kann. Die Aussicht und die Atmosphäre sind unbeschreiblich. Komplett aus massiven Douglasienstämmen wurde das Holzhaus gebaut. Daher rührt der Duft von frischem Holz, der das lichtdurchflutete Blockhaus erfüllt. Holz schafft ein angenehmes Raumklima, das Körper und Seele guttut. Die natürliche Wohlfühlatmosphäre lässt den Alltagsstress sofort vergessen. Mit der Aussicht auf den Rhein ist es das perfekte Urlaubsglückserlebnis im Einklang mit der Natur in ursprünglichem Ambiente. Im Kamin kann ein wärmendes Feuer angezündet werden. Das Knistern vermittelt ein Gefühl von Geborgenheit und Behaglichkeit. Der großzügige schlicht gehaltene Wohn- und Essbereich bietet durch die großen Fensterflächen einen atemberaubenden Blick auf den Rhein. Man kann den Fluss in seiner ganzen Pracht bewundern und die Sonnenstrahlen auf dem Wasser tanzen sehen. Die Ruhe und Stille des umgebenden Waldes verstärken das Glücksgefühl noch mehr. Hier fühlt man sich eins mit der Natur und kann zu sich kommen.

TIPP

Wandern auf dem Rheinsteig auf der schönen Etappe von Kaub bis Lorch mit Einkehr am Weinstand im Wald.

Auf der Terrasse des Blockhauses ist es ein besonderes Erlebnis, bei einem Glas Wein den Sonnenuntergang zu betrachten oder morgens zu frühstücken. Über eine Treppe gelangt man auf die Galerie. Hier schläft man geborgen in den behaglichen Betten unter den Dachschrägen. Am nächsten Morgen erwacht man nach einem tiefen erholsamen Schlaf mit einem Gefühl des Friedens. Man öffnet die Tür des Blockhauses und tritt hinaus in die frische Waldluft. Der Rhein ist auch am Morgen noch genauso beeindruckend. Voller Energie fühlt man sich bereit für einen neuen Tag.

Die Vermieter betreiben auch den Weinstand im Wald, ein Eldorado für Rheinsteigwanderer. Mitten im ehemaligen „Freistaat Flaschenhals“, ein Gebiet, das nach dem Ersten Weltkrieg unbesetzt blieb, bieten sie Erfrischung und Stärkung. Schöner kann Wandern nicht sein.

- Baumstammhaus Gästehaus Grundlach, Rheinuferstraße 2, 56349 Kaub, Tel. (0 67 74) 2 17, www.grenzvogt.de
- ÖPNV: Bahnhof Lorch-Lorchhausen, ca. 1,5 Kilometer Fußweg

Lebenselixier Wasser

67 Auf KneippTour im Kurpark Bad Schwalbach

Die Landesgartenschau in Bad Schwalbach im Jahr 2018 hat eine Verschönerung des Kurparks, der sich über zwei Bachtäler erstreckt, mit sich gebracht, die heute noch verzaubert. Zwei interessante Kneipp-Touren können als Spaziergang im Kurpark des Heilbades unternommen werden, rund um die fünf Säulen der Kneipp'schen Lehre Wasser, Bewegung, Ernährung, Heilpflanzen und Lebensordnung. Die Kneipp-Tour „Brunnen & Moor" im Menzebachtal dauert eine Stunde und startet am Stahlbadehaus an der Büste von Sebastian Kneipp. Sie führt zu verschiedenen Heilwasserbrunnen, auch zum Weinbrunnen, der Bad Schwalbach schon im 16. Jahrhundert als Trinkkurort berühmt gemacht hat. Das Wasser schmeckt säuerlich, daher rührt der Name. Brunnenfrauen schenken aus, ansonsten kann man das Heilwasser außen auch selbst zapfen. Neben dem Ehebrunnen stehen zwei Säulen aus anthrazitfarbenem Basaltgestein mit Ringen aus Messing, die ein Ehepaar darstellen. Früher standen dort eine Eiche und eine Buche eng umschlungen. Das gab der Quelle ihren Namen. Wenn Liebespaare dieses Wasser trinken, haben sie dauerhaftes Glück, sagt man. Die Runde führt weiter über den Kneipp-Barfußpfad zum begehbaren Moor.

TIPP

Am Weinstand am Kurweiher Kaffee, Kuchen und Eis genießen, während die Kinder spielen.

Auf der Tour liegt das Highlight des Parks: der Kurweiher. Hier können Besucher den Enten und Schwänen zusehen und das beeindruckende Wasserspiel der Fontäne betrachten. Am Weiher befindet sich ein weißer Pavillon. Erst auf den zweiten Blick erkennt man, dass er aus vielen kleinen Schwalben besteht. Dieses wundervolle Kunstwerk wurde auch für die Landesgartenschau errichtet und erfreut sich großer Beliebtheit als Fotokulisse, besonders bei Hochzeitspaaren.

Die zweite KneippTour „Blumen & Bienen" führt eine halbe Stunde durch das Röthelbachtal. Auf dieser Runde liegt der Brunnen mit dem höchsten Eisengehalt Deutschlands – der Stahlbrunnen. Beim Kneipp-Armtauchbecken kann man sich erfrischen. Danach geht es zum liebevoll gehegten Heilpflanzengarten, weiter zum Bienenhaus und den Baumelbänken

● KneippTour im Kurpark, Stahlbadehaus, Brunnenstraße 20, 65307 Bad Schwalbach, www.bad-schwalbach.de/kneipptouren
● ÖPNV: Haltestelle Bad Schwalbach Kurhaus

Picknick in der Natur

68 Am Bärenfichtenweiher in Schmitten

Eine Decke für gemütliches Liegen im Gras, ein Korb gefüllt mit leckerem Essen und erfrischenden Getränken, die Lieblingsmenschen eingepackt – und ab zur Landpartie mit Picknick in den Taunus! Eine einladende Wiese am sonnigen Waldrand findet sich in Schmitten in Richtung des Ortsteils Niederreifenberg in der Nähe des Bärenfichtenweihers. An diesem schönen Ort kann man in idyllischer Natur die Seele baumeln lassen. In heißen Sommern ist es hier immer ein paar Grad erträglicher als in der Ebene. Toben und Spielen sind erlaubt oder einfach nur Entspannen, Lesen und die Natur in ihrer unberührten Pracht genießen. Im Weiher, der von der Weil durchflossen wird, leben Karpfen und Forellen. Aber auch Krebse und Frösche sind hier zu entdecken. Schwimmer dürfen die Fauna nicht stören, nur in den frühen Morgen- und späten Abendstunden dürfen Angler des örtlichen Angelvereins den Weiher aufsuchen.

TIPP

Das Punto Latino in Oberreifenberg bietet lateinamerikanische Spezialitäten in tollem Ambiente.

Märchenhafte Waldgestalten wohnen ebenfalls an diesem Ort. Eine mit einem Bären auf dem Kopf begrüßt die Ausflügler auf dem kurzen Weg vom Parkplatz Talgrund zum Teich. Denn der Bärenfichtenweiher ist eine von neun Stationen auf dem 11 Kilometer langen Taunus-Wichtel-Weg. Am Wegesrand warten drollige Schnitzgeschöpfe des Schmittener Künstlers Pentti Lepistö auf die Besucher im Wald. Wer dem Wanderwegzeichen mit dem weißbärtigen Wichtel mit der grünen Mütze folgt, kommt an Aussichtspunkten mit Panoramablicken und besonderen Sehenswürdigkeiten der Umgebung vorbei. Der Bärenfichtenweiher liegt zudem am Weiltalweg. Der Rad- und Wanderweg führt stets entlang des Flüsschens Weil, das im Taunus entspringt, das Weiltal durchfließt und schließlich in die Lahn mündet. Auf dem Berg gegenüber dem Weiher sind nach kurzer Strecke noch die Restmauern der Burg Hattstein zu entdecken. So lässt sich das Picknick mit einem herrlichen Waldspaziergang verbinden, um am späten Nachmittag nach diesem Kurzurlaub inspiriert wieder nach Hause zurückzukehren.

- Bärenfichtenweiher, zwischen den Ortsteilen Schmitten und Niederreifenberg, 61389 Schmitten im Taunus
- ÖPNV: Haltestelle Schmitten Schillerstraße, ca. 1,3 Kilometer Fußweg

Baden in Kultur & Historie

69 Im Badehaus im Alten Kurpark in Bad Soden

Hier badeten einst reiche Kurgäste im heilenden Wasser der Mineralquellen. Heute beherbergt das prächtige Gebäude des Alten Badehauses im Kurpark von Bad Soden ein Kulturzentrum. Unter dem Dach des 1870/71 errichteten Gebäudes locken in historischem Ambiente Stadtmuseum, Stadtgalerie, KunstKabinett und Stadtbücherei sowie das Stadtarchiv. Das stadtgeschichtliche Museum entführt in vergangene Zeiten – die Einrichtung des Kurgastzimmers in die Biedermeierzeit. Eine historische Holzbadewanne aus der Nachkriegszeit ist noch erhalten. Der bis zu 6 Meter hohe Solsprudel am Kurhaus diente früher zum Baden und Inhalieren. Prominente Kurgäste weilten hier, unter anderem der Autor des „Struwwelpeter", Heinrich Hoffmann, die Komponisten Felix Mendelssohn Bartholdy und Peter Tschaikowsky. Leo Tolstoi besuchte ebenfalls Bad Soden und ließ den Ort und seine Erlebnisse in seinen Roman „Anna Karenina" einfließen. Im originalen Neuenhainer Kolonialwarenladen mit seiner Theke und den Holzschränken mit den vielen kleinen Schubladen, der verschnörkelten antiken Registrierkasse und den historischen Reklameschildern wird man in das Jahr 1910 zurückversetzt. Die mit Sprüchen „Die Suppenwürze Maggi nützt jedem Haushalt" oder „Waschet mit Dr. Thompson's Seifenpulver Marke Schwan" auf den Tafeln beworbenen Produkte möchte man am liebsten kaufen.

TIPP

Minigolf am Alten Kurpark zu spielen ist ein Zeitvertreib für die ganze Familie.

Im ersten Stock des Badehauses locken wechselnde Ausstellungen Kunstinteressierte aus dem gesamten Rhein-Main-Gebiet in die Kurstadt. Moderne Malerei, Grafik, Fotografie und Skulpturen sind hier bei freiem Eintritt zu sehen. Auch ein Spaziergang durch den Alten Kurpark, der seinen Charakter als Landschaftsgarten bewahrt hat, lohnt sich. Er wird zur Kulisse für die Sodener Weintage, die Sonntagskonzerte und den Weihnachtsmarkt.

- Altes Badehaus im Kurpark, Königsteiner Straße 86, 65812 Bad Soden am Taunus
  www.bad-soden.de
- ÖPNV: Haltestelle Bad Soden (Taunus) Kurpark

DIE KÖ
BADEHAUS

„Butter bei die Fische“

70 Beim Forellengut Herzberger in Oberursel

Am Waldrand ein großes Metalltor mit zwei sich anblickenden Karpfen, daneben ein Steinbogen mit einem kleinen Tor: Hier im Forellengut Herzberger betritt man eine andere Welt und eine andere Zeit. Glückliche Hofhühner schreiten in Freiheit am Wegesrand zwischen blühenden Sträuchern. Im Restaurantgarten picken sie ganz selbstverständlich zwischen den Bistrostühlen und -tischen, wohlwollend geduldet von den Gästen, die von weit her kommen ob der leckeren Fischgerichte, die sie in dieser ländlichen Idylle genießen können.
42 quellwassergespeiste Teiche mit quirligen Fischen liegen außer Sichtweite des Biergartens, doch hinter dem Fachwerkgebäude des Restaurants ist ihre Präsenz spürbar. Gänse schnattern am Teich. Forellen und Karpfen, Störe und Aale schimmern unter der Wasseroberfläche.

TIPP
Ein Sparziergang zum Wildgehege Hirschgarten: Wildtiere in natürlicher Umgebung beobachten.

Im Restaurant ist Slow Food das Motto. Hier kann man sich an Wochenenden und feiertags vom Alltag erholen und sich Zeit für gutes Essen nehmen. Die Gerichte sind traditionell und konzentrieren sich auf das Wesentliche. Alles wird frisch zubereitet: gebratene fangfrische Forelle oder Lachsforelle mit lecker krossen Bratkartoffeln oder Salzkartoffeln und Salatbeilage. Forelle blau, Karpfen nach Müllerin Art oder Lachsforelle mit Meerrettichsoße – das sind die beliebten Klassiker. Dazu wird zerlassene Butter gereicht. Monate mit einem „r“ im Wort sind Karpfenzeit. Der Kopfsalat wird übrigens wie zu Uromas Zeiten angemacht: mit Zucker und Essig und frischen Kräutern. Das schmeckt sogar Kindern. Fangfrisch oder geräuchert gibt es den Fisch auch zum Mitnehmen in einem kleinen Lädchen. Besonders am Freitag versorgt sich die umliegende Gastronomie hier mit frischen Forellen.
Seit über 125 Jahren ist der Familienbetrieb ein beliebtes Ausflugsziel. Einst war das Forellengut kaiserlicher Hoflieferant für das Landgrafenschloss in Bad Homburg, eine Sommerresidenz der deutschen Kaiser. Die Umgebung des Gutes bietet ausgeschilderte Wanderwege für familienfreundliche Waldspaziergänge.

● Forellengut Herzberger, Forellengut 1, 61440 Oberursel (Taunus), Tel. (0 61 72) 3 51 19, www.forellengut-herzberger.de

Direkt am Rhein

71

Im Asbach-Bad Rüdesheim

Im Pool schwimmen und dabei aufs türkisblaue Meer schauen: Das ist der Traum vom Urlaub! Vom Schwimmbad auf den Rhein schauen, das ist im gemütlichen Asbach-Bad in Rüdesheim möglich. Das beheizte Freibad liegt direkt neben dem Fluss. Das ist fast genauso schön, wie am Meer zu sein. Dieses Urlaubsfeeling kann man von Mitte Mai bis Mitte September erleben. Ein Kombibecken wartet mit einem separaten Sprungbecken mit 1-Meter- und 3-Meter-Sprungbrett sowie einem 5-Meter-Turm auf. Dem Vergnügen des freien Falls ins Nass steht nichts im Wege. Weitere Wasserattraktionen sind ein Breitwasserfall und eine Breitrutsche, ein Strömungskanal und Nackenduschen. Ein schönes visuelles Element ist die Brücke, die im Bogen über das Becken führt. Schiffchenkanal, Wasserpilz, Bodenblubber, Wasserfall und Rutsche sorgen im Kleinkindbereich – mit Sonnensegel – für Heiterkeit. Außerdem gibt es eine Spielwiese mit Tischtennisplatten, Volleyball- und Basketballfeld sowie Großfigurenschach. Aquajogging, Aquafitness- und Schwimmkurse runden das Angebot ab. Auf der grünen Liegewiese unter großen Bäumen lässt es sich gut aushalten, großartig so nah am Wasser. Ein Bistro bietet warme und kalte Gerichte an.

TIPP

Mit Zelt, Wohnwagen oder Wohnmobil nebenan auf dem Campingplatz am Rhein übernachten.

Schon früher erfrischte man sich im Sommer gerne im Rhein. In einem Badehaus am Rheinufer wurden Badezuber aus Holz mit kühlem oder angewärmtem Rheinwasser gefüllt. Ein exklusives Vergnügen für die wohlhabenden Bürger Mitte des 19. Jahrhunderts war es, hinter Segeltuchwänden in den Rhein zu waten. Die Ärmeren legten ihre Kleider ab und sprangen nackt in den Rhein, was jedoch die Schiffstouristen empörte. Also wurden schwimmende Pontons mit eingelassenen Schwimmbassins „erfunden". Doch der Fluss war Anfang des 20. Jahrhunderts durch Abwässer zu stark verschmutzt. Schließlich endete die Entwicklung mit einem Badebecken in den Rheinwiesen – unbelästigt vom Schiffsverkehr auf dem Rhein. Seit 1957 besteht das Asbach-Bad in seiner heutigen Form.

- Asbach-Bad, Kastanienallee 3, 65385 Rüdesheim am Rhein, Tel. (0 67 22) 91 00 40 www.asbach-bad.com
- ÖPNV: Haltestelle Rüdesheim (Rhein) Rheinhalle Süd, ca. 600 Meter Fußweg

Schlafen wie die Sioux

72

Auf dem Tipidorf-Zeltplatz Solms-Schohleck

Das Zelten an der Lahn ist eine wunderbare Möglichkeit, die Schönheit der Natur hautnah zu erleben – ein unvergessliches Abenteuer inmitten von Mutter Natur. Besonders aufregend ist die Übernachtung in einem Tipi. Eine Reise in eine andere Welt. Die traditionellen Zelte der indigenen Nomadenvölker der Prärie Nordamerikas sind erstaunlich geräumig. Im Tipidorf auf dem Lahntours-Zeltplatz Solms-Schohleck stehen Tipis, die Platz für bis zu sechs Personen bieten. Das Innere des Zeltes ist gemütlich eingerichtet, man schläft auf bequemen Feldbetten. Es ist möglich, in der Mitte des Tipis ein Feuer zu machen, das sorgt nicht nur für Wärme, sondern auch für eine kuschelige Atmosphäre. Dank Klappen im Zeltdach zieht der Rauch ab. Komfort wie Bierzeltgarnituren, Kochausrüstung und Holzkohlegrill können dazugebucht werden, besonders hilfreich bei Streckenwanderungen per Kanu, Rad oder zu Fuß, für die der Zeltplatz ein guter Ausgangspunkt oder eine Zwischenübernachtung darstellt.

Wenn die Sonne langsam untergeht, verwandelt sich die Szenerie in ein magisches Spektakel. Die Farben des Himmels spiegeln sich im Wasser wider und erzeugen ein atemberaubendes Bild. Man kann den Moment nutzen, um den Tageskreislauf zu beobachten oder ein Lagerfeuer anzuzünden, um sich daran zu wärmen oder Stockbrot zu backen. Solche Feuerstellen auf dem Zeltplatz laden zu lauschigen Abenden in unmittelbarer Nähe der Lahn ein. Wenn die Dunkelheit ganz hereingebrochen ist, wird das Erlebnis noch intensiver. Am klaren Nachthimmel funkeln unzählige Sterne. Das Knistern des Feuers ist zu hören und man lauscht den Geräuschen der Natur. Es ist ein Moment des Friedens und der Vollkommenheit, fernab vom Stress des Alltags. In dieser Behaglichkeit schläft man im Einklang mit der Natur ein.

Am nächsten Morgen gibt es ein Erwachen mit den ersten Sonnenstrahlen und dem frischen Duft der Natur. Morgens nach dem Aufwachen schon in die Tier- und Pflanzenwelt eintauchen – das ist wie Heimkommen.

TIPP

Ausflug ins Besucherbergwerk Grube Fortuna mit einer Fahrt im Förderkorb 150 Meter im Schacht nach unten.

- Tipidorf Lahntours-Zeltplatz Solms-Schohleck, Im Schohleck, 35606 Solms, Tel. (0 64 42) 92 25 27 www.lahntours.de/schlummern/zeltplatz-solms-schohleck-lahn
- ÖPNV: Bahnhof Leun/Braunfels, ca. 1,3 Kilometer Fußweg

Körper und Geist im Einklang

73

Im Kneipp-Kurpark Bad Camberg

Die Natur ist die beste Apotheke. Das entdeckte schon Sebastian Kneipp. In Bad Camberg ist dem Wasserkurdoktor der Kurpark mit seinem alten Baumbestand gewidmet. Die „grüne Lunge" des kleinen Taunusstädtchens, das sich der Tradition der Gesundheitsvorsorge und Naherholung verschrieben hat, gewährt mit Wasserspielen und Spazierwegen Gelegenheit zur Erholung an der frischen Luft.

Kneippen verbinden die meisten Menschen mit Wassertreten. Die Gesundheitslehre nach Sebastian Kneipp umfasst jedoch weitaus mehr. Erst das Zusammenspiel der Elemente Wasser, Heilpflanzen, Bewegung, Ernährung und Lebensordnung führe zu positiven Auswirkungen auf die Gesundheit. Ein 1,5 Kilometer langer Kneipp-Rundweg thematisiert diese fünf Säulen der Gesundheit, die Kneipp vor über 150 Jahren lehrte und die auch heute noch immer aktuell und inspirierend sind. Erläutert werden sie in Wort und Bild auf Informationstafeln. Mit den Heilkräften der Natur führe der Weg zur Gesundheit nicht durch die Apotheke, so Kneipp. Denn die ganzheitlich orientierte gesunde Lebensweise berücksichtigt den Menschen in seiner ganzen Persönlichkeit und hat gesundheitliche Prävention zum Ziel. Wer dem Weg folgt, kann die wohltuende Wirkung von Arm- und Fußbädern in den Wassertretbecken ausprobieren, den Bewegungsparcours durch den Kurpark absolvieren, einen Kräutergarten bewundern oder sich auf Bänken an den lang gezogenen, wunderschön mit Blumen umpflanzten Wasserspielen erholen, über die im darüber gelegenen Teich eine Fontäne in die Höhe steigt. Auch Kinder haben hier großen Spaß.

Eingebettet in den Kneipp-Kurpark sind weitere Angebote wie eine Minigolfanlage, Boulebahnen, Großschach, Liegewiesen, ein Spielplatz und Tennisplätze. Im Sommer locken Konzerte und Feste im Park. Es lohnt sich anschließend auch ein Bummel durch die Gassen der hübschen Fachwerkaltstadt des ältesten hessischen Kneippheilbades, unter anderem ist dort der Amthof zu sehen, der längste Fachwerkbau Hessens.

TIPP

Kneipps Säule zur gesunden Ernährung mit einem Abstecher in den Biomarkt am Guttenbergplatz umsetzen.

- Kneipp-Kurpark, Sebastian-Kneipp-Straße, 65520 Bad Camberg
- ÖPNV: Haltestelle Bad Camberg Hohenfeldstraße/Kliniken

Meeresbrandung

74

Im Usa-Wellenbad in Bad Nauheim

Das blaue Glück schlechthin: Wenn im großen Becken des Usa-Wellenbades „die Welle" eingeschaltet wird, sind die Wogen so realistisch, dass man sich wie am Meeresstrand fühlt. Es bringt großes Vergnügen, über die Wellen zu springen, durch sie hindurchzutauchen oder sich ihnen hinzugeben. Es fühlt sich an, als würde man tatsächlich im Ozean schwimmen. Nachmittags und am Wochenende, wenn alle halbe Stunde die Wellenmaschine in Aktion tritt, ist das Meer ganz nah.

Eine Attraktion des Bades ist die 100 Meter lange Black-Hole-Rutsche mit Lichteffekten, die durch eine optische Täuschung Nervenkitzel in der Röhre bietet. Hier laufen Filme, man hat den Eindruck, auf einen Hai mit geöffnetem Maul zuzurasen. Gott sei Dank geht die Kurve in eine andere Richtung und man ist gerettet und platscht ins Becken. Eine Riesengaudi für alle Wasserratten! Unten lässt sich auf einer Zeitmessanlage ablesen, wie schnell man gerutscht ist. Es kann sich nur um Sekunden handeln.

TIPP

Beim Sparkling Vibes Festival stehen jeden Sommer im Usa-Wellenbad Bands auf der Bühne.

In der Hallenbadsaison verwandelt sich das Bad am Mittwochnachmittag in ein Spaßbad. Verschiedene Spielgeräte auf dem Wasser wie Matten, der Riesenkrake und eine Wasserwippe sorgen für Wasserfreuden bei den Kindern. Eigene Schwimmtiere können mitgebracht werden. Das Usa-Wellenbad verfügt über einen großen Freibadbereich mit drei Becken und einer großzügigen Liegewiese in einer Talaue, umgeben von viel Grün. Zwei Becken im Freibad und im Hallenbad sind wettkampftauglich. Hier kann man seine Bahnen ziehen. Ein Sprung vom 5-Meter-Turm sorgt für Adrenalin. Entspannung bieten zwei Whirlpools und der warme Badebrunnen mit Wasserpilz, Wand- und Bodensprudel für Rücken- und Fußmassagen. Natürlich gibt es auch einen gesicherten Kleinkinderbereich mit einem gewärmten Becken.

Nach dem Badespaß kann man sich im Wellenbad-Restaurant mit Blick auf das Wasser kulinarisch verwöhnen lassen. Neben den schwimmbadüblichen Snacks offeriert eine Wochenkarte wechselnde leckere Gerichte. Ein Besuch im Wellenbad ist ein echtes Erlebnis!

- Usa-Wellenbad, In der Au 2, 61231 Bad Nauheim, Tel. (0 60 32) 9 19 30
www.usa-wellenbad.de
- ÖPNV: Haltestelle Bad Nauheim Usa-Wellenbad

Wasserrutsche

Waldfrieden

75

In Wiesental am Fischteich

In den Ausläufern des Hintertaunus liegt der beschauliche Ort Wiesental. Kaum ein Auto begegnet einem auf dem Weg zum Wanderparkplatz. Steigt man aus, empfängt einen eine harmonische, natürliche Atmosphäre. Ein idealer Ausgangspunkt für einen herbstlichen Spaziergang, um Kraft zu tanken. Der Weg führt hinein in den Wald. Gleich rechts am Etzbach liegt der Fischweiher der Angelsportfreunde Wiesental. Der selten befischte Teich ist von üppigem Grün umgeben, das eine beruhigende Kulisse bietet. Verwunschen wirkt dieser schöne Ort am Waldrand fernab vom Großstadtlärm. Fast mystisch. Schön und zur Ruhe einladend. Hier gibt es keine Sitzgelegenheiten, außer denen, die die Natur bietet. Weiter geht der Spaziergang durch den urwüchsigen Wald. Wenn man sich nun an den Weggabelungen immer rechts hält, kommt man in einer Runde wieder zum Ausgangspunkt zurück. Eine kleine Wanderung, die nicht länger als eine Stunde dauert. Eine andere mögliche Route ist, geradeaus in rund einer Stunde nach Maibach zu wandern. Die reizvolle Landschaft dort wird auch Maibacher Schweiz genannt.

Interessant ist die Geschichte des kleinen Dorfes Wiesental. Die Siedlung entstand Ende der 1940er-Jahre für Heimatvertriebene aus dem Sudetenland. Tausende kamen in Zügen in Butzbach an, für sie war kein Wohnraum vorhanden. So wurde hier eine Siedlung errichtet. Im Zweiten Weltkrieg war Wiesental Standort des Führerhauptquartiers Adlerhorst. Dieses bestand aus getarnten unterbunkerten Bauten. Dazu gehörten auch Schloss Ziegenberg im Nachbarort und Schloss Kransberg. Das Schloss Ziegenberg wurde im Zweiten Weltkrieg zerbombt und originalgetreu wiederaufgebaut. Heute befinden sich darin Eigentumswohnungen.

Diese bewegte Geschichte liegt lange zurück, längst ist Frieden eingekehrt in Wiesental. Wie schön muss es sein, hier zu wohnen. Ein Mehrfamilienhaus im Tannenweg liegt direkt am Teich. Die Terrassen und Balkone blicken aufs Wasser. Das Plätschern des Teichablaufes klingt wie am Meer.

TIPP

Einkehr im spanischen Familienrestaurant Casa Carlos unterhalb des Schlosses Ziegenberg Ober-Mörlen.

- Fischteich in Wiesental, 35510 Butzbach
- ÖPNV: Haltestelle Butzbach-Wiesental, ca. 1 Kilometer Fußweg

Im Einklang

76 Floßbau mit Jörg Weißbrodt in Bad Soden

Einen unvergesslichen Tag in der Natur mit Wasserspaß bietet ein Floßbauevent, das von Jörg Weißbrodt angeboten wird. Gemeinsam ein Floß zu bauen, ist ein beglückendes Gruppenerlebnis, das Kooperation, Teamgeist und gegenseitiges Vertrauen fördert. Aus eigenen Kräften entsteht ein Objekt, welches das gesamte Team sicher über das Wasser tragen muss. Das schärft die Sinne und hilft, sich auf das Wesentliche im Leben zu konzentrieren.
Die Weiher im Taunus, umgeben von einer waldreichen Landschaft, bieten die perfekte Kulisse für solch ein spannendes Outdoorabenteuer. Die Teams erhalten Materialien wie Holzbalken, Seile und Fässer sowie Spanngurte. Die Ausstattung kann durch Fundstücke in der Umgebung ergänzt werden. Kreativität und Zusammenarbeit sind nun gefragt, um ein seetüchtiges Floß zu bauen. Eine Einführung in die Knotentechniken ist dabei hilfreich. Anschließend haben die Teilnehmer die Möglichkeit, ihre Ideen umzusetzen. Meist herrscht eine fröhliche und motivierte Atmosphäre, während eifrig an den Konstruktionen gearbeitet wird. Nachdem alle Flöße fertiggestellt sind, ist es Zeit für den aufregendsten und lustigsten Teil – die Testfahrt auf dem Teich. Der Trainer begutachtet das Floß und gibt letzte Anregungen. Und dann heißt es: die Angst überwinden im Vertrauen auf die gemeinsame Arbeit und ab aufs Wasser.
Mit Schwimmwesten und Paddeln ausgestattet geht es auf den Teich. Es ist ein lustiges Schauspiel, wenn die Flöße auf dem Wasser schwanken, während die Teilnehmer versuchen, das Gleichgewicht zu halten. Ungewollte und gewollte erfrischende Wasserkontakte sind möglich. Nach der Probefahrt kehren die Teams ans Ufer zurück, wo sie ihre Flöße wieder abbauen. Zum Abschluss des Tages wird noch Feuer ohne Feuerzeug entfacht. Eine gesellige Lagerfeuerrunde am Wasser, bei der das Erlebte Revue passiert, schafft den perfekten Ausklang. Ein solcher Tag in der Natur gibt frische Energie für den Alltag, neue Perspektiven für mehr Lebensqualität, Entscheidungsfreude und Kreativität.

TIPP

Jörg Weißbrodt bietet auch Survivaltraining in der Wildnis an.

Outdoorseminare Jörg Weißbrodt, Bonner Straße 13, 65812 Bad Soden am Taunus, Tel. (0 61 96) 56 48 79
www.outdoor-seminare-taunus.de

Märchenhafte Waldidylle

77 Am Urselbach in Oberursel

Der Bach, der der Taunusstadt Oberursel ihren Namen gab, plätschert hier fröhlich durch den Taunuswald: der Urselbach. Er entspringt in der Nähe der Hohemark und mündet etwa 16 Kilometer weiter in die Nidda. Hier am Tor zum Taunus beginnt auch der Mühlenwanderweg. Es klapperten früher viele Mühlen am Urselbach, der oberhalb der Stadt Haidtränkbach heißt. Das Ufer und das erfrischende Nass sind vom Weg aus an vielen Stellen gut zu erreichen. Rundum saftiges Grün und moosbewachsene Steine. Entspannt auf einem von ihnen zu sitzen und aufs Wasser zu schauen, dem Plätschern zu lauschen oder barfuß durch den Bach zu waten, das ist Sommerglück.

Am und im Bach leben viele Tier- und Pflanzenarten, die es zu entdecken gilt: Wasseramseln, Grasfrösche, Libellen, Schnecken und natürlich Laich. Auch die Vegetation ist interessant, typische Pflanzen sind etwa das Milzkraut, die Sumpfdotterblume oder die Bach-Nelkenwurz. Die Schwarz-Erle und die Esche sind Bäume, die auf dem feuchten Boden gut gedeihen. Hier am Wasser fühlen sich auch Moose wohl. Zunächst verläuft der Bach geradlinig, erst weiter im Wald liegen mit Pilzen und Moosen bewachsene Bäume im Bach und das Wasser sucht sich seinen Weg. Der Bach verengt und verbreitert sich wieder, fließt unterschiedlich schnell. Für Kinder wird er zum Abenteuerspielplatz und an heißen Tagen zu einer willkommenen Abkühlung im Schatten der Bäume.

TIPP

Nach der Wanderung geht es in den Biergarten des Restaurants Waldtraut am Taunus-Informationszentrum.

Nach etwa 1 Kilometer gelangt man an einen verwunschenen Ort, die efeubewachsene, denkmalgeschützte Kaiserin-Friedrich-Brücke, die über den Bach direkt neben der Kanonenstraße führt. Victoria, Prinzessin von Großbritannien und Irland, nannte sich nach dem Tod ihres Mannes, Kaiser Friedrich III., Kaiserin Friedrich. Über diese Brücke soll sie durch den Wald zu ihrem Schloss in Kronberg gefahren sein, während es gebaut wurde. Heute beherbergt es das Schlosshotel Kronberg. Für diese Entdeckungstour kann am Taunus-Informationszentrum geparkt werden, und man folgt auf breiten Waldwegen dem Bachverlauf.

- Urselbach, Hohemarkstraße 192, 61440 Oberursel (Taunus)
- ÖPNV: Haltestelle Oberursel (Taunus) Hohemark

78 Am Möttauer Weiher in Weilmünster

Ein schönes Fleckchen Erde und Wasser liegt zwischen Weilmünster und seinem Ortsteil Möttau: das Erholungsgebiet rund um den Möttauer Weiher. Vom gleichnamigen Parkplatz aus ist er auf einem geteerten Weg in wenigen Minuten zu erreichen. Zunächst versteckt sich der See noch hinter Bäumen und Sträuchern. Kleine Trampelpfade durch das Gestrüpp führen hinunter zum Ufer, hier wird vornehmlich geangelt. Der See ist als Anglerparadies bekannt. Alle paar Meter laden Picknickbänke mit Tischen und Grillstellen zum Verweilen ein. Mit einer Gast-Tagesangelkarte können auch Besucher angeln und den Fisch fangfrisch grillen.

Auf dem Rundweg um den Weiher passiert man den Bauwagen eines Waldkindergartens und gelangt an die Nordspitze des länglichen Sees. Nun liegt der See offen vor einem. Auf Bänken am Ufer kann man sich niederlassen und aufs Wasser schauen, auf dem sich der Himmel spiegelt. Libellen begrüßen neugierig die neuen Gäste. 45.000 Quadratmeter umfasst die spiegelglatte Wasserfläche. Links und rechts drängt sich der Wald ans Ufer heran. Viele Menschen trifft man hier nicht, selbst an Sonntagen kann man in aller Ruhe spazieren gehen, die Natur genießen und die Weite erfahren.

Am nördlichen Ende des Sees wartet noch eine Überraschung: ein kleiner Wasserfall am Iserbach in einer Felsenschlucht. Je nach Wetterlage sprudelt das Wasser in das Bachbett mit den rundgewaschenen Steinen oder es rieselt nur ein kleiner Wasserstrahl herab. So wird der Ausflug zu einer tollen Erlebnistour mit Kindern, die im Bach spielen können. Auch im Winter ist ein Rundgang um den zugefrorenen Möttauer Weiher, der von mit Raureif bedeckten Bäumen umrahmt wird, sehr bezaubernd. Eine Einkehrmöglichkeit besteht im Einhaus Möttau.

TIPP

Ein leckeres Picknick mitnehmen und es sich an einem der Picknicktische am See gemütlich machen.

- Möttauer Weiher, Ecke B 456/Hessenstraße, 35789 Weilmünster
- ÖPNV: Haltestelle Weilmünster-Möttau Ort, ca. 850 Meter Fußweg

Romantische Bootsfahrt

79

Beim Bootsverleih am Kurteich Bad Nauheim

Mitten in der Jugendstil-Kurstadt lädt der prächtig bepflanzte Kurpark zum Spazieren und Verweilen ein. Eine Bootsfahrt ist der krönende Abschluss. Einmal wie eine Ente oder ein Schwan über das Wasser gleiten? Oder mit dem Auto über das Wasser schippern? Im Kurpark von Bad Nauheim ist das auf dem großen Teich inmitten altehrwürdiger Bäume möglich.

Der Bootsverleih am Bootshaus hält eine große Auswahl an Booten bereit. Beliebt sind vor allem Motivtretboote, mit denen man förmlich über das Wasser „radeln" kann. Natürlich fehlen die klassischen Ruderboote nicht. Ein unglaublich friedliches Erlebnis, nur auf dem Wasser zu sein, weit weg vom Ufer, ringsum grüne Bäume und Natur. Nur das Plätschern der selbst erzeugten Wellen am Boot ist zu vernehmen. Verliebte Paare paddeln mit einem Sektpicknick vorüber. Auf den Steinen an der Insel sonnen sich Schildkröten und vermitteln eine entspannte Atmosphäre. Gänse, tauchende Enten, fischende Haubentaucher, schillernd-blaue Eisvögel und elegante Graureiher lassen sich aus nächster Nähe beobachten. Auch eine Biberfamilie lebt am See. Mit etwas Glück und vor allem in der Dämmerung entdeckt man sie am flachen Ufer des großen Teiches und der Inseln. Wieder am Ufer angekommen kann man ein Ankergetränk oder Kaffee und Kuchen in der Gastronomie am Teichhaus im Biergarten mit Blick auf den See einnehmen. Ein Erlebnis für tierliebe Menschen ist die naturpädagogisch betreute tägliche Fütterung der zahmen Gänse an der Erna-Ente-Station zwischen kleinem Teich und Holzdeck.

TIPP

Auf Zeitreise in die Belle Époque beim Jugendstilfestival in Bad Nauheim gehen.

Ein sonniger Tag lässt sich im Kurpark, der mit zahlreichen Sitz- und Liegemöglichkeiten aufwartet, so richtig genießen. Entlang des Flüsschens Usa erstreckt sich die Anlage mit Wasserspielen und Bachläufen bis in die Innenstadt. Dort befinden sich neben dem Kurhaus Bistros, Cafés, Eisdielen und Restaurants sowie Boutiquen. Beim Frühlingsmarkt kann man hier an Verkaufsständen hübsches Kunsthandwerk erwerben.

- Bootsverleih – Bootshaus am Kurteich, Nördlicher Park 17–18, 61231 Bad Nauheim, Tel. (01 63) 6 92 44 75
- ÖPNV: Haltestelle Bad Nauheim Kurhaus, ca. 650 Meter Fußweg

ELVIS

Lesung auf See

80

Auf dem Literaturschiff Bingen

Eine Schifffahrt der ganz besonderen Art zum sagenumwobenen Taunusfelsen Loreley ist eine Fahrt auf dem Binger Literaturschiff. Das Außergewöhnliche: Das Schiff fährt nur einmal im Jahr, zumeist am Freitag nach Pfingsten. Am frühen Abend legt es in Bingen ab. Leinen los heißt es am Rheinanleger Brücke 6, einmal Loreley und zurück. Die nächsten Stunden stehen ganz im Zeichen von Literatur und Unterhaltung. Denn an Bord sind drei Autorinnen und Autoren, die Passagen aus ihren aktuellen Werken lesen und Einblicke in ihre kreativen Schaffensprozesse geben. Die Bandbreite der Genres ist dabei groß. Komisches bis Utopisches, Krimi bis Lebenserfahrungen. Dazwischen untermalt ein musikalisches Programm den Abend auf See. Die Zuschauer auf dem Ober- und Unterdeck lauschen bei Speis und Trank des schwimmenden Restaurants der MS Rhenus den Worten der Autoren und tauchen in ihre Geschichten ein. Vor dem Fenster zieht derweil die reizvolle Landschaft vorbei, idyllische Weinorte, steile Weinberge und viele Burgen. Die Atmosphäre ist beflügelnd. Sanft gleitet das Passagierschiff auf dem Rhein in die Dunkelheit.

Seit 1999 findet diese Fahrt statt, organisiert von der Volkshochschule Bingen, über die die Karten bestellt werden. Darum sollte man sich frühzeitig kümmern. Die Veranstaltung ist stets ausverkauft, denn meist handelt es sich um bekannte und preisgekrönte Autoren. Die Liste ist lang und Namen wie Saša Stanišić, Eva Menasse, Christoph Peters, Wladimir Kaminer und Markus Orths stehen darauf. Auch Timur Vermes, der durch seine Satire „Er ist wieder da“ bekannt geworden ist, hat dort gelesen und Max Goldt, Kolumnist des Satiremagazins Titanic.

Gegen 23 Uhr legt das Schiff nach einem erlebnisreichen Abend wieder am Kai an.

TIPP

Auf dem Binger Kulturufer durch Parks und Gärten schlendern und Musikveranstaltungen genießen.

- Literaturschiff Bingen, Anlegestelle der Bingen-Rüdesheimer Schifffahrtsgesellschaft Hindenburganlage, 55411 Bingen
www.vhs-bingen.de/literaturschiff
- ÖPNV: Bingen (Rhein) Stadtbahnhof, ca. 500 Meter Fußweg

Für meine Söhne Moïse und Dieudonné.
Mögen immer und überall Glücksorte für sie sein.

Bibliografische Informationen der Deutschen Nationalbibliothek
Die Deutsche Nationalbibliothek verzeichnet diese Publikation in der Deutschen Nationalbibliografie; detaillierte bibliografische Daten sind im Internet über http://dnb.d-nb.de abrufbar.

Konzeption/Satz: Droste Verlag, Düsseldorf
Einbandgestaltung und Illustrationen: Britta Rungwerth, Düsseldorf, unter Verwendung von Bildern von © Fotolia.com: jd – photodesign.de; © iStock: Plociennik Robert
Fotos: Birgit Schweitzer, außer: Archiv Opel-Zoo: S. 107; Asbach-Bad: S. 149; Bad Nauheim Stadtmarketing und Tourismus GmbH: S. 137; Gerhard Burock/PROformance Studios GmbH: S. 15; CARGO Beach: S. 67; Robert Carrera: S. 95; Gemeinde Glashütten: S. 115; Gemeinde Niedernhausen: S. 23; Gemeinde Schlangenbad/Staatsbad Schlangenbad: S. 65; Gemeinde Selters (Taunus): S. 41, S. 117; Gundlach: S. 139; Andreas Heid/Wassersportvereinigung Hochtaunus: S. 105; Julia Krügers: S. 19; Kur- und Verkehrsverein Weilburg e. V.: S. 87, S. 123; Lahn-Café Am Rosengärtchen: S. 113; Lahntours-Aktivreisen: S. 151; Lochmühle: S. 21; Müsel/Rheingau-Taunus Kultur und Tourismus GmbH: S. 127; Niederwald-Seilbahn: S. 109; Heiko Rhode: S. 9 (Heilbäder & Kurorte in Hessen), S. 71 (Stadt Königstein); Saskia Marloh Photography/Rheingau-Taunus Kultur und Tourismus GmbH: S. 51; Armin Schaust/Loreley Touristik GmbH: S. 73; Schwebebad Oberursel, S. 75; Michael Schweitzer: S. 83, S. 135, S. 163; Stadt Bad Schwalbach: S. 141; Stadt Bad Soden am Taunus: S. 145; Stadt Kronberg im Taunus: S. 77; Stadt Schwalbach am Taunus: S. 53; Stadtwerke Bad Homburg v. d. H.: S. 29; Stadtwerke Oberursel (Taunus): S. 111; Marlis Steinmetz/Rheingau-Taunus Kultur und Tourismus GmbH: S. 97; Taunus Therme: S. 131; Taunus Wunderland: S. 99; The Levvvel: S. 35; Thomas Trass: S. 17; Florian Trykowski/Kur- und Kongress GmbH: S. 57; Usa-Wellenbad: S. 155; vhs Bingen: S. 167; Tobias Vollmer/Lahntal Tourismus Verband: S. 11; Wambacher Mühlenmuseum: S. 31; Thomas Weinsheimer/Rössler Linie GmbH & Co. KG: S. 37; Jörg Weißbrodt: S. 159; Philipp Wirtz: S. 79
Textlektorat: Birgit S. Knape, Mainz

MIX
Papier | Fördert gute Waldnutzung
FSC® C011279

Druck und Bindung: LUC GmbH, Greven
ISBN 978-3-7700-2554-1

www.droste-verlag.de